치유를 위한
참 믿음

The Real Faith For Healing
by Charles S. Price
Copyright © 1997 by Bridge-Logos Publishers

Used and translated by the permission of Bridge-Logos Publishers
through the arrangement of KCBS Literary Agency, Seoul, Korea.
Korean Copyright 2008 by Christian Publishing Community

All rights reserved
© 2009/ Korean by Paul Publishing Co.,
Inchon, Korea.

본 저작물의 한국어판 저작권은 KCBS Literary Agency사를 통하여 Bridge-Logos
Publishers사와 독점 계약한 한국기독교출판공동체(도서출판 바울)에 있습니다.
신 저작권 법에 의하여 한국 내에서 보호 받는 저작물이므로
무단 전재와 무단 복제를 금합니다.

치유를 위한 참 믿음

초판 발행　2009년 2월 20일
지 은 이　찰스 프라이스
옮 긴 이　이세구

펴 낸 이　김명철
펴 낸 곳　도서출판 바울

제작&관리　김민숙
편집&기획　이정진

주　　소　인천시 부평구 십정동 409-27호
Tel 032-423-9796　Fax 032-428-1928
Home www.ubook.co.kr
E-mail cpcubook@hanmail.net
ISBN　978-89-7286-358-8*03230

책 가격은 뒷표지에 있습니다.

치유를 위한 참 믿음

찰스 프라이스 지음 | 이세구 옮김

| 추천사 |

예수님은 공생애 동안 세 가지 사역에 중점을 두셨습니다. 그것은 말씀선포와 가르침과 치유입니다.마 9:35 성령을 받은 제자들도 교회를 세우고 예수님의 3대 사역을 실천했습니다. 예수님의 이름으로 복음을 전하고, 가르치고, 병든 자를 고쳤습니다. 성경은 제자들에 의해 많은 병든자가 고침 받고 귀신에 억눌린 자들이 자유케 되었다고 증거합니다.행 5:12-16; 8:4-8

그러나 2천 년의 교회역사를 보면, 비공식적으로 치유 사역이 소멸되었습니다. 교회에서는 단지 복음전파와 교리교육만이 이루어졌습니다. 치유 사역은 중지되고, 과거 2천 년 전의 사건으로 여겨졌습니다. 이러한 역사흐름을 바꾸는 사건이 20세기에 들어오면서 세계 곳곳에서 일어납니다. 바로 오순절 성령운동입니다. 오순절에 제자들에게 성령이 임하셨듯이, 전 세계의 믿는 자들에게 성령이 부어지는 일들이 일어났습니다. 성령의 능력으로 병자들이 고침 받았습니다. 귀신이 쫓겨 나갔습니다. 예수님의 이름으로 승리하게 되었습니다.

이러한 20세기 초 오순절 성령운동에 중심적인 역할을 했던 인물이 찰스 프라이스입니다. 그는 더 이상 육신의 치유는 없다고 말하는 사람들에게 성경적 근거를 가지고 반박했습니다. 치유의 은사는 성경에 약속한 대로 계속되며 성도는 이 약속을 누려야 한다고 강조했습니다. 그래서 집회를 인도할 때마다 병자를 위해 기도하는 시간을 가졌습니다. 수많은 집회를 통해 수십만 명에게 복음을 전하고, 수천 명의 병든 자들을 고쳤습니다.

이러한 능력 있는 사역을 펼치면서 찰스 프라이스는 응답되지 않는 우리의 기도, 설교를 듣는데도 병으로 죽어가는 사람들로 가득한 세상, 교회의 기도에도 불구하고 그들이 맞는 죽음은 왜 인지에 대해 의문을 갖게 됩니다. 이러한 질문 속에 그는 깨달음을 얻게 됩니다. 치유를 받기 위해서는 '참 믿음'이 필요하다는 것입니다. 치유를 받지 못하는 것은 '믿음'을 제대로 이해하지 못해왔기 때문임을 알았습니다. 본서에서 프라이스는 치유를 받기 위한 '참 믿음'에 대해 정의하며, 어떻게 하면 '참 믿음'을 얻을 수 있는지 자세히 설명하고 있습니다.

'치유를 위한 참 믿음'을 읽는 재미는 새로운 깨달음을 얻는 것과 함께, 찰스 프라이스의 수많은 치유의 은혜를 공유하는 데 있습니다. 저자는 책 곳곳에 치유 사건을 생생한 언어로 기록하고 있어 독자들은 지금도 역사하시는 주님을 가까이 느낄 수 있습니다. 히브리서 저자의 말씀처럼 "예수 그리스도는 어제나 오늘이나 영원토록 동일하시니라"히 13:8 는 진리를 확신하게 됩니다. 찰스 프라이스의 본 저서를 통해 영적 성장을 원하는 많은 독자들이 깊은 깨달음과 큰 감동을 얻게 되기를 기도합니다.

인천순복음교회
담임목사 *최성규*

추천사 |4   서문 |8   머리말 |13

제1부 참 믿음

1 **뭔가 잘못되었다** | 18
   우리의 문제

2 **인간의 노력이 그칠때까지** | 27
   예수님께서 오셔서 말씀하셨다 / 주님께서 찾아오신다 / 오직예수

3 **더 나은 길** | 49
   믿음과 예측 / 뮬러 이야기

4 **믿음의 기원** | 64
   믿음은 생명이다 / 무신론자와 하나님 / 산 믿음

5 **주님의 일을 행할 힘** | 78
   엘 샤다이 / 누구인가 / 어떤 사람이 될 것인가

6 **산을 옮길만한 믿음** | 93
   불가능한 일 / 한 여자 이야기 / 치유가 아니라 치유자를 구하라

7 **쉬운 길** | 108
   완전케 하시는 이 / 가난한 자와 부한 자 / 기도는 응답된다

8 **나누어 주시는 믿음** | 124
   위험의 한 예 / 그가 누구이기에?

9 믿음은 선물이다 | 138
주님은 아신다 / 행복한 아침 / 교구목사의 딸

10 믿음은 열매다 | 153
하나님의 사랑 / 산에서 온 기쁨 / 평화, 완전한 평화

11 진흙으로 만든 그릇 | 166
완전한 일 / 원인을 찾으라 / 우리가 멈출때 하나님은 시작하신다

12 생명수 | 174
안에서 밖으로 / 위대하신 의사, 예수 / 승리의 길 / 생명의 길

13 살아 있는 말씀 | 185
예수는 우리생명 / 그리스도가 모든 것이시다 / 받은만큼

제 2 부 치유

서문 | 199

1 치유의 성경적 근거 | 206
한 소녀를 고친 이야기

2 어떻게 치유함을 받나 | 223
느낌이 아니라 소유

3 흔히 저지르는 잘못 | 230
자유를 얻은 노예 / 수동적 믿음과 능동적 믿음 / 어린 아이가 이끌리라

4 치유를 유지하는 방법 | 249
탕자 / 베데스다 연못

| 서문 |

찰스 프라이스 (1887-1947)는 탁월한 능변가였다. 그는 원래 영국 출신으로서 옥스포드의 웨슬리 컬리지에서 법률을 공부했다. 아직 구원받기 이전에도 그에게는 뛰어난 언변으로 사람들을 휘어잡는 재능이 있었다. 한번은 그가 신학생들을 상대로 강연을 하면서 단지 알파벳을 세 번 읊는 것만으로 학생들을 감동시켜 눈물을 흘리게 하는가 하면 네번째 읊었을 때에는 장내를 웃음바다로 만드는 것을 본 일도 있었다. 무엇보다 놀라운 것은 그가 자신의 장래에 일어날 일들을 우리에게 미리 예견하여 말해주었다는 것이다. 그는 또 우리가 목회의 길에 들어서게 되면, 자기 자신의 단순한 감동과, 성령의 부으심을 분별해야 한다고 거듭 당부했다.

프라이스 박사는 워싱턴주 스포케인의 자유 감리교회 선교로 회심 체험을 했으나 이내 현대사상의 유혹에 빠지고 말았다. 그러던중 하나님의 자비로 그는 나의 고향이기도 한 캘리포니아의 산호세에서 열린 에이미 맥퍼슨의 집회에 참석했다가 성령충만함을 받았다. 그 순간부터 어디든지 가는 곳마다 그는 전도의 타오르는 불꽃이었고 또한 하나님의 치유의 통로가 되었다.

나는 십대 때 프라이스 박사가 주 강사로서 말씀을 전했던 워싱턴주 셔헬리스의 전도 집회에 몇 차례 참석하는 행운을 얻었다. 그는 설교가 시작될 때까지 보통 기도실에 머물러 있었다. 그가 강단으로 걸어나올 때면 놀라운 하나님의 영광의 물결이 그를 감싸고 있는 것이 보였고 그래서 수많은 회중이 자리에서 일어나 한참 동안 주님께 소리높여 찬양을 올리곤 했었다.

나는 그가 설교할 때 마법에 걸린 듯 매혹되었던 일이 기억난다. 그는 웅변의 달인이었을 뿐 아니라 저항할 수 없는 성령의 능력도 가지고 있었다. 나를 비롯한 청중들은 벅찬 감동에 겨워 누가 시키지 않았는데도 자리에서 일어나 또다시 주님께 찬양을 올리는 일이 자주 있었다. 그렇게 되어 설교가 중단되는 시간이 길어지면 프라이스 박사는 강단 의자에 앉아서 우리가 잠잠해질 때까지 기다렸다. 그리고는 마치 아무 일도 없었다는 듯이 설교를 계속 이어나갔다.

설교를 마칠 때면 그는 병자를 위해 기도할 것을 부탁했다. 오순절파 설교자의 가정에서 자라난 나에게는 병자를 위한 기도 자체는 이상한 일이 아니었다. 병자를 위한 기도는 우리가족 예배의 정상적인 한 부분이었다. 나를 놀라게 한 것은 기도가 아니라 병자와 귀신들을 향해 행사한 프라이스 박사의 엄청난 권위였다. 그는 암시하거나 호소조로 말하지 않았다. 그는 명령했다. 그리고 그의 명령은 그대로 이루어졌다. 우리 눈 앞에서 기적이 일어난 것이다.

그는 전도 집회 때 종종 하루에 천 명을 회심시키곤 했던 능력의 전도자였다. 회중 속으로 들어가서 "하늘이 열릴" 때까지 기다리는 것이 그의 방식이었다. 때로는 몇 주 동안 계속해서 기다리기도 했다. 나는 오레곤 주 유진의 한 교회에서 목회를 했었는데 그 교회에 부임하기 몇 년 전에 프라이스 박사는 교인들이 "깨어지기" 까지 주 방위군 부대의 집회장에서 몇 주 동안 계속해서 설교를 한 일이 있었다. 하늘을 향한 그 열린 창은 그가 떠난 후에도 오래도록 남아 있었다. 그가 사망한 뒤에도 나는 그의 수고의 열매를 수확 할 수 있었던 것이다.

그가 목회했던 때는 오늘날의 대중적인 기독교 잡지 문화 이전 시기였다. 그때는 테이프 녹음기도 없던 시절이었는데 그는 자그마한 월간 교육잡지를 창간하고 '황금 이삭'(Golden Grain)이라는 제호를 붙였다. 하나님은 그의 출판물을 크게 쓰셔서 프라이스를 본적도, 만난적도 없는 사람들도 그 잡지를 통해 감화되게 하셨다. 또 그의 설교를 들어본 경험이 있는 사람들 중에는 그 잡지를 구독해서 그의 전도활동을 뒷받침하고 그의 가르침을 새롭게 되새기려는 이들도 많았다. 내 서재의 한 작은 서가에는 아직도 그가 펴낸 잡지들이 꽂혀 있다.

프라이스 박사에 관한 내 가장 생생한 기억은 내가 남가주 신학교 (Southern California Bible College) 학생이었을 때의 일이다. 그 당시 신학교가 있던 곳은 캘리포니아주의 패서디나였는데 거기서 그리 멀지 않은 곳에 프라이스 박사의 집이 있었다. 매주 금요일 아침이면 우리 학생들은 이 위대한 하나님의 사람의 특강을 듣는 영예를 누릴 수 있었다.

그 무렵에 그는 은퇴한 상태였고 건강도 나빠져 있었지만 열정과 거룩한 권위로 가득한 그의 강연은 우리 학생들에게 깊은 감동을 주었다. 그는 우리들에게 거룩한 생활과 뜨거운 영성과 고결한 행동을 역설했다. 그가 믿음에 대해 말하기를 믿음은 하나님께서 믿는 자들의 삶에 나누어주신 일회용품이라고 했다. 그가 구사했던 어휘가 매우 풍부해서 그가 한 말 중 내가 이해하지 못한 단어들을 공책에

빽빽이 적어두었던 일들이 기억난다. 그가 단어들을 엮어서 메시지를 지어내던 방법 또한 오래도록 머리에서 지워지지 않는다. 그가 한 말 중 특정한 단어의 뜻은 모르더라도 문장의 의미를 놓치는 일은 없었다.

내 믿음 생활에 프라이스보다 더 큰 도전을 준 사람은 별로 없었다. 그가 전한 말씀을 들을 때마다 나는 그를 닮고 싶어했다. 물론 나는 그 꿈을 이루지는 못했지만 찰스 프라이스를 만났고 또 그의 설교를 들은 것 때문에 하나님 안에서 내 삶의 지평이 훨씬 높아졌다고 나는 확신한다. 그는 초기 오순절 운동의 최고 인물이었다.

물론 지금 프라이스는 하늘의 상급을 받아 떠나서 없고 그 까닭에 세상은 더 허전해졌다. 그러나 인쇄 책자라는 현대의 기록 덕택에 우리는 오늘날에도 이 프라이스라는 사람을 다시 돌아볼 수 있게 되었으며 그를 우리 주 예수 그리스도의 존귀한 도구로 만들어준 원칙과 실천들을 다시 살펴볼 수 있게 되었다. 우리는 아벨에 대한 성경 말씀을 찰스 프라이스 박사에 대해서도 똑같이 말할 수 있다: "저가 죽었으나 그 믿음으로써 오히려 말하느니라.^{히 11:4}"

저드슨 콘월
Judson Cornwall

| 머리말 |

찰스 프라이스 박사는 이제껏 경험했던 것 중 가장 기적적인 목회의 사람이었다. 실제로 그의 기적들은 너무나도 놀라와서 여러 사람들의 마음을 흔들어놓거나 오히려 믿음에 걸림돌이 될 정도였다. 그런 사례 중 일부를 이 증보 개정판에 담았다.

이 책의 원 제목은 '참 믿음'(The Real Faith)으로서 1940년에 프라이스 박사 자신이 출판했던 것이다. 1972년에는 로고스 인터내셔널이 출판했다. 그로부터 이 책은 재판에 재판을 거듭했으며 수많은 독자들이 이 책으로부터 믿음생활에 도움을 받았고 치유를 위한 참 믿음을 발견했다.

프라이스 박사가 세상을 떠난 해가 1947년이니까 '참 믿음'은 그의 다른 대부분 책들처럼 목회 초기에 쓰여진 것이 아니라 자신의 지나온 삶을 명징하게 되돌아볼 수 있는 근 이십년 경력의 원숙한 목회자의 글인 셈이다. 그리스도께서 프라이스 박사를 통해 행하신 기적들은 너무도 크고도 많았지만 그리스도를 너무나도 잘 알았던 프라이스는 치유받지 못한 사람들의 고통과 낙심 때문에 늘 괴로워했다.

목회의 연륜이 쌓여가면서 프라이스 박사는

"왜 우리 기도는 그토록 자주 응답되지 않는걸까?"

"왜 우리 교회들은 하나님의 말씀과 약속에 기초한, 신령한 치유에 관한 설교를 듣는데도 여전히 병자들과 죽어가는 사람들로 가득한 걸까?"

"왜 교회가 그들을 위해 기도하는데도 그들은 낫지 않는걸까?"

하고 끊임없이 자문했다. 그러던 중 프라이스 박사는 목회의 황혼기에 접어들면서 그 대답을 발견했고 읽을 수 있는 눈과, 들을 수 있는 귀와, 믿을 수 있는 마음을 가진 모든 사람들에게 그 대답을 전해주기 위해 이 책을 썼다.

이 책의 개정판을 낸 이유?

치유을 위한 참 믿음

프라이스 박사는 윌리암 제닝스 브라이언의 스타일을 닮은 위대한 웅변가였다. 그의 설교는 하나님과 그리스도의 기적을 말할 때마다 화려한 수사로 가득했으며 글을 쓸 때도 그와 똑같은 방식으로 썼다. 그의 책이 처음 출판되었을 때 그 문체는 그의 말하는 스타일과 일치해서 독자들도 대부분 쉽게 이해할 수 있었다. 그러나 해가 바뀜에 따라 웅변조의 양식은 사실상 사라져갔고 그런 스타일로 기록된 책들을 오늘날의 독자들이 따라읽고 이해하기는 점점 어려워졌다. 이런 이유로 우리는 이 책을 오늘날의 독자들에게 친숙하고 간결한 스타일로 개정한 것이다. 하지만 그 과정에서 우리는 프라이스 박사 자신의 의문에 대해 해답을 주고 그의 마음에는 만족함을 주었으며 수많은 사람들의 믿음생활과 치유에 도움을 주었던 참 믿음에 대한 프라이스 박사의 가르침을 빠짐없이 그대로 보존하고 명확하게 하는데 신중을 기했다.

거기에 덧붙여 우리는 프라이스의 전기로부터 기적에 관한 장을 다시 써서 이 책에 추가했다. 거기에는 치유를 받는 방법과 그것을 유지하는 방법에 대한 가르침이 담겨 있다. 또한 거기에는 주목할 만한 치유에 관한 여러 증언들도 포함되어 있어서 여러분의 믿음에 큰 도움을 줄 것이다.

마지막으로, 우리는 이 책의 제목을 '참 믿음'에서 '치유를 위한 참 믿음'으로 바꾸었다. 이 책의 내용을 더 명확하게 하기 위해서다.

프라이스 박사의 주된 관심이 살아계신 그리스도로부터 치유함을 받을 수 있도록 고통 중에 있는 사람을 돕는 것이었음을 알기에 바로 같은 이유로 그의 책을 개정한 것에 대해 그가 결코 반대하지 않을 것이라고 믿는다.

브릿지-로고스 출판사 편집장
헤럴드 채드윅
Harold J. Chadwick

Part 1

참 믿음

지난 수년 동안 수천, 수만의 기적들이 일어났었다. 그 기적들은 의심할 여지 없이 예수님께서는 "어제나 오늘이나 영원토록 동일하시" 히 13:8 다는 것을 증명한다. 말씀을 증명하기 위해 체험에 의지해야 하는 것은 아니지만, 기도의 응답을 볼 수 있다는 것은 큰 복이 아닐 수 없다.

1

뭔가 잘못되었다

The Real Faith For
Healing

근래에 들어서 나는 뭔가 잘못되었다는 것을 어렴풋이 느끼고 있었다. 하지만 지금은 그 잘못된 것이 무엇인지 확실히 알고 있다. 어느날 성령께서 우리가 믿음이라고 부르는 그 은혜 안의 새로운 아름다움을 나에게 보여주셨기 때문이다. 그것을 은혜라고 부르는 것은 그것이 정말 은혜인 까닭이다. 미련하게도 우리는 믿음을 영적인 영역으로부터 형이상학적인 영역으로 끌어내리고 말았다. 우리가 가진 감정이나 욕구로 말미암아 믿음이 마음으로부터 정신으로 밀려나버린 것이다.

 왜 우리의 기도는 그토록 자주 응답되지 않는것일까? 왜 우리 교회들은 하나님의 말씀과, 약속에 기초한 신령한 치유에 관한 설교를 듣는데도 여전히 병자들과 죽어가는 사람들로 가득한 걸까? 왜 교회가 그들을 위해 기도하는데도 그들은 낫지 않는 걸까?

 이따금 나는 집회에 참석했다가 승리의 찬송이 아직 귓가에 계속 맴도는 것을 들으며 집으로 돌아가곤 하지만 집으로 돌아가서는 주님 앞에서 통곡하며 눈물을 흘리고 만다. 회중이 찬송한 까닭은 회중 가운데 몇 사람이 치유를 받았기 때문이지만, 내가 슬피 운 것은 아직 많은 사람들이 치유받지 못한 채 지치고 병든 몸을 이끌고 집으로 돌아갔기 때문이다. 누군가는 기적적으로 치유함을 받는데, 또 다른 누군가는 믿음을 잃지 말고 다음에 다시 오라는 당부만 듣고 그 자리를 떠나야 하는 그런 패턴이 왜 계속되어야 하는지를 나는 이해할 수 없었다.

 우리는 사실을 있는 그대로 직시해야 한다. 우리는 신학과 현실 체험간의 괴리에 대해 그저 어깨를 한 번 으쓱하고는 외면해 버린다든지, 그토록 중대한 문제에 대해 빛을 비춰 인도해달라고 구하는 것을 물리친다든지 하지 말아야 한다. 우리가 실망할 경우 결국 그에 뒤따를 수 밖에 없는 회의나 낙심을 막을 수 있는 것은 오직 진리 뿐이다. 진리를 아는 유일한 길은 자기 자신을 진리라고 말씀하신 예수 그리스도께 진정한 마음과 정신으로 나아가는 것 뿐이다. 그래서 나는 고통스러울 만큼 솔직해지고자 한다. 지금처럼 내게 큰 감동이 밀려왔던 적이 전에는 없었기에 나는 이 책에 내 마음을 쏟아붇지 않고는 견딜 수가 없다. 이 영광스럽고도 놀라운 진리가 내 마음에 차고 넘쳤을 뿐 아니라 내 영혼을 들어올려 영광의 세계 현관 앞으로 인도했다. 여러분이 이 책을 미처 다 읽기 전에 은혜의 현관문이 활짝 열리고 그 문을 지나 믿음의 길을 걸어 마침내 기도 응답의 정원에서 주님을 만나뵙게 되기를 믿고 또 기도한다.

나는 독단론자도 아니며 무오류주의의 탈을 쓴 자도 아니다. 나는 하나님의 은혜에 감사하는 자녀로서 옛적에는 거울을 통해 희미하게 보아왔던 주제에 관해 성령께서 비춰주시는 빛을 받은 자이다. 이제 나는 그리스도의 사랑으로 말미암아 예수님께서 말씀하시기도 하고 또 우리에게도 나누어주기도 하신 참되고 진실한 믿음에 대해, 적어도 부분적으로나마 깨달음을 얻게 되었다.

그 계시는 내 의문들에 대한 해답을 주었다. 내 문제들을 풀어준 것이다. 그 계시가 내 주님을 향한 사랑을 깊게 해주었으며 더욱더 확실하게 내 마음과 생명을 주님께 바칠 수 있게 해주었다. 그 계시는 내 치유 목회를 혁신적으로 변화시켰다. 내 자신이 얼마나 무기력한 자인지, 그리고 그리스도의 임재와 사랑과 은혜와 믿음이 내게 얼마나 절실한지를 그 계시가 밝히 보여주었기 때문이다.

지난 수년 동안 수천, 수만의 기적들이 일어났었다. 그 기적들은 의심할 여지 없이 예수님께서는 "어제나 오늘이나 영원토록 동일하시[히 13:8]"다는 것을 증명한다. 말씀을 증명하기 위해 체험에 의지해야 하는 것은 아니지만, 기도의 응답을 볼 수 있다는 것은 큰 복이 아닐 수 없다. 간절히 기도하는 가련한 사람들의 얼굴이 눈앞에 어른거리는 가운데 집으로 돌아갔던 날들이 그 얼마였던가. 그들은 휠체어에서 일어나려고 애를 썼지만 그만 다시 주저앉아 슬픔과 낙심에 빠지고 말았었다. 그들의 부르짖음과 기도 소리가 집회가 끝난 뒤에도 며칠 동안이나 귓전에 맴돌곤 했었다.

여러분도 마찬가지다. 여러분의 교회에도 기도하기도 버거울 만큼 무거운 짐을 진 병자들과 어려움에 빠진 사람들이 있다. 목회자들 가운데에도 하나님에 대한 실천적인 믿음을 가지지 못해 낙담하는 일이 있다고 나에게 말한 분들도 있었다. 이따금 고통 중에 있는 영혼이 하나님의 영광을 가릴 정도로 심각한 지경까지 이르는 일이 일어나지 않는다면 그런 목회자들 가운데 많은 분들이 병자를 위한 기도를 부탁받으면 피해 버릴지도 모른다. 그들은 말씀과 체험 사이에 존재하는 것처럼 보이는 모순 때문에 당황한다.

"예수께는 능치 못한 일이 없네" 하고 찬양하면서도 한편으로 병자로 하여금 그 무거운 짐을 그대로 지도록 내버려두는 것은 옳지 않다. 병자들에게 "믿기만 하라"고 말하며 돌려보내는 것과, 여러분의 생각과 마음 속에서 그들을 잊어버리는 것은 전혀 다른 문제이다. 실제 치유의 역사가 일어나기 전에 단순히 믿음의 이름으로 치유에 대해 증언하는 것은 일반적으로 지혜롭지 않을 뿐 아니라 변명할 수 없는 행위이다. 참 믿음이 실제로 거기에 있지 않다면 말이다. 설사 참 믿음이 있다 할지라도 찬양과 감사로, 그리고 실제 치유로 이를 동시에 증언하는 것이 훨씬 바람직하다.

비록 겨자씨보다도 작다 하더라도 참 믿음은 한 톤 정도의 의지나 결단보다도 더 큰 일을 행할 수 있다. 빛을 발하지 않는 태양이 있을 수 없듯이 열매 없는 참 믿음도 있을 수 없기 때문이다. 이처럼 열매 없는 참 믿음이 존재할 수 없다면 우리가 믿음이라고 잘못 부르는 것은 도대체 무엇일까? 단순히 말해서 우리는 믿음(faith)과 신념(belief)의 차이를 이해하지 못해왔다. 치유를 믿는다는 것과 치유에 대한 신념을 가진다는 것은 전혀 다른 것이다. 곤경에 빠진 많은 신자들이 약속에 의지해서 주님께 나아와 자기들이 치유함을 받았다고 단정하려 하고, 그렇게 함으로써 그들이 실제로 치유함을 받았다고 생각하는 것도 다 그런 이유 때문이다.

:: **우리의 문제** ::

바로 거기에 우리의 문제가 놓여 있다. 믿음은 하나님

이 우리의 마음에 주신 은혜인데도 우리는 그것을 생각 속의 어떤 조건으로 만들고 말았다. 친애하는 이들이여, 이러한 우리의 태도와 자세에 잘못이 있었던 것이다. 하나님의 은혜와 진리의 빛이 우리들 마음과 생각 속에 넘치면 우리의 갈등은 마침표를 찍을 것이고 우리의 마음은 하나님의 평화의 옷으로 감싸이게 될 것이다. 그 순간에 우리는 오직 주님께서 주실 때에만 우리가 믿음을 받을 수 있다는 것을 깨닫게 될 것이다. 더 이상 믿기 위해 애쓸 필요가 없을 것이다. 폭풍우 속의 갈릴리에서 제자들은 광포한 폭풍을 잠재우기 위해 광란 상태에 빠졌을 수도 있다. 그러나 예수의 단 두마디 말, "잠잠하라, 고요하라"[막 4:39] 로 바람은 날카로운 외침에서 고요한 속삭임으로 바뀌었고 바다는 평온해졌다. 예수의 단 두마디 말에 바람과 바다가 순종한 것이다. 제자들이 믿고자 하는 결의로 수백만 마디 명령과 꾸짖음의 말을 했다 하더라도 폭풍은 그들을 비웃었을 것이다. 자기가 그런 말보다는 크다는 것을 알았기 때문이다.

   예수의 짧막한 두 마디 말, 거룩한 그분의 작은 손길만으로 우리 인간이 수천년 동안 애쓰고 수고해서 얻을 수 있는 것보다 더 많은 일이 눈 깜짝할 사이에 이루어졌다. 주님께서 쉽게 하시고자 한 일을 우리는 어렵게 만든 것이다. 곤경에 빠진 영혼들이 나름대로 믿음이라고 생각하면서 무진 애를 쓰는 모습을 보고 나는 마음이 아팠다. 그런 식으로는 되지 않는다는 것을 알았기 때문이다. 그런 순간에는 어떤 말도 하기가 어렵다. 그런 순간에 무슨 말을 한다는 것은 어리석게도 다년간 믿음의 실천이라는 이름으로 행해졌던 행위들을 부인하고 이미 굳어진 방법들을 뒤집어 엎음을 의미하기 때문이다. 이는 또한 우리가 기도했고 또 얻고자 애썼던 것을 얻지 못한채 이제는 정직한 수고의 막바지에 도달한 우리가 우리의 영혼과 정신에 무언가 문제가 있었다는 결론을 내려야 함을 의미한다. 만약 다른 길로 갔었다면 우리가 승리했겠지만.

무엇이 잘못되었던 것일까? 나는 답을 알고 있다고, 무엇이 잘못되었는가를 발견했다고 믿는다. 그토록 많은 사람들이 어디서부터 잘못된 길로 들어섰는지 나는 알 수 있다. 우리가 해야 할 유일한 일은 우리가 그만 눈이 멀어서 잘못 들어선 그 갈림길로 우리를 되돌려 달라고 성령께 구하는 것이다. 그러면 우리는 다시 영원한 왕의 은혜의 대로를 걸어서, 말씀은 진리이며 그리스도께서는 절대로 실패하시지 않는다는 것을 마음과 체험으로 입증할 수 있을 것이다.

기억하라.

실패 때문에 낙심하게 되었다면 그 실패는 우리의 실패이지 우리 주 예수의 실패가 아니라는 것을!

2

인간의 노력이 그칠 때까지

The Real Faith For
Healing

우리의 가진 문제 중 하나는, 믿음은 오직 그리스도께서 우리 마음에 주실 때에만 받을 수 있다는 것을 알지 못한다는 것이다. 우리는 믿음을 가졌거나 가지지 못했거나 둘 중 하나이다. 우리는 믿음을 만들어낼 수도 없고 믿음을 키울 수도 없다. 우리는 약속을 믿을 수 있지만 그와 동시에 그것을 내것으로 만드는 믿음은 가지지 못할 수 있다. 그런데도 우리는 신념은 정신적인 영역에 속한다는 사실을 잊은채 신념으로 약속에 다가가려 했다. 어떤 체

힘에 대해 이를 억지로 믿으려고 노력한다면 우리는 형이상학적인 영역에 들어서는 셈이다.

참 믿음은 영적인 것이며 따뜻하며 생명력이 있다. 참 믿음은 살아 꿈틀거리며 주님께서 우리 마음에 그러한 믿음을 주실 때 그 능력은 그 무엇으로도 거스를 수 없다. "네가 만일 … 하나님께서 그를 죽은 자 가운데서 살리신 것을 네 마음에 믿으면 구원을 얻으리니 롬 10:9" 마음으로 믿으면 우리와 주님 사이의 통로가 열리며 주님께서 주시는 믿음이 가능해진다.

우리들 대부분에게 있어 믿음은 그저 믿기 위한 몸부림으로 귀결되고 만다. 때로는 온갖 몸부림 끝에 믿음의 한 봉우리에 오르기도 하지만 이내 우리가 기도한 것을 받지 못했다는 사실 때문에 당황한다. 그러므로 우리는 그런 신념이, 하나님의 말씀이 믿음이라고 부르는 것과 반드시 같은 것은 아니라는 사실을 깨달아야 한다. 앞으로 여러 장에 걸쳐 이 놀라운 말이 옳다는 것을 입증할 성경 구절을 제시하겠다.

하나님의 말씀에 따르면 우리에게 필요한 것은 겨자씨 정도의 작은 믿음이며, 그런 믿음으로도 세상이 불가능하다고 말하는 것을 다 이룰 수 있다 (마 17:20을 보라). 주님께서 복된 믿음을 주심으로써 성경 이야기들이 내 눈 앞에서 그대로 펼쳐지는 것을 나는 여러번 보았고 그럴 때마다 어떤 수고나 노력 없이도 마치 밝은 아침 해가 지평선 위로 솟아오르듯 아주 자연스럽게 믿음이 일어나는 것을 보았다.

마태복음 17장은 대비의 장이다. 하늘로 솟구치는가 하면 골짜기로 깊이 내려가기도 한다. 거기에는 변화산과 절망의 골짜기와 겨자씨 이야기가 있다. 성령께서 믿음이란 위대한 주제에 대해 하신 고귀한 말씀이 거기에 있다. 변화산으로부터 우리의 복되신 주님께서 내려오신다. 아니, 하나님께서 빛으로 친히 감싸주신 영광의 옷을 입으시고 하늘 문으로부터 내려오신다. 거룩한 친교와 격려의 공간으로부터 근심과 염려가 가득한 산자락으로, 곧 패배와 절망의 공간으로 내려오신다.

거기에는 질병이 있었다. 찢기고 피흘리는 영혼이 있었다. 영과 마음이 깨진 아버지가 있었다. 설교자들도 있었다. 그들은 저마다 믿음의 공식을 따랐다. 마귀를 향해 꾸짖었다. 우리가 수백번은 했듯이 그들도 외치고 명령하고 기도했지만 그들의 기도는 이루어지지 않았다. 여러분과 나에게 그러했던 것처럼.

:: **예수님께서 오셔서 말씀하셨다** ::

예수께는 걱정하는 아버지의 기도에 대한 응답을 얻기 위한 몸부림도, 외침도, 길고 격렬한 싸움도 없었다. 예수는 말씀하셨고 마귀는 도망했다. 아이는 기쁨에 겨워 자기 아버지의 팔에 안겨 하나님께 감사의 눈물을 흘렸다. 아버지는 기쁨에 겨워 자기 아이를 꼭 껴안고 눈물 젖은 찬탄의 눈으로 마귀를 쫓아내신 분의 얼굴을 바라보았다.

그때 예수님께서 다시 말씀하셨다. 무엇때문에 자기들은 실패했는지 묻는 제자들의 질문에 예수님께서는 "너희 믿음이 적은 연고니라. 진실로 너희에게 이르노니 너희가 만일 믿음이 한 겨자씨 만큼만 있으면 이 산을 명하여 여기서 저기로 옮기라 하여도 옮길 것이요 또 너희가 못할 것이 없으리라"고 대답하셨다. 이 얼마나 놀라운 말씀인가? 우리에게 필요한 것은 오직 겨자씨만한 믿음이며 그런 믿음이 있을 때 산들도 우리 앞에서 떨 것이다.

치유을 위한 참 믿음

예수님께서 하신 말씀을 깨닫는가? 주께서 주시는 지극히 작은 겨자씨 만큼의 믿음이 마귀의 지극히 큰 힘보다 강하다. 다윗과 골리앗의 이야기처럼 겨자씨가 산과 맞서 싸워 산을 넘어뜨렸다. 겨자씨에게 필요했던 것은 오직 그리스도만이 주실 수 있는 믿음이었다.

　그때 그 제자들에게 믿음이 있었을까? 그렇다! 그들은 예수를 믿었다. 그들은 예수의 약속을 믿었다. 그들은 하나님의 치유를 믿었다. 그렇지 않았다면 그 날 치유 집회를 갖지 않았을 것이다. 치유 집회나 교회 예배에서 여러분과 내가 믿음으로 그렇게 하듯이 그들도 기도하고 명령했으나 아무 일도 일어나지 않았다. 예수의 말씀에 따르면 그들에게 필요한 것은 어마어마한 크기의 믿음이 아니라 그냥 겨자씨 만큼 아주 작은 믿음이었다. 그것으로도 충분했다. 필요한 것은 그것이 전부였다. 그것이 참 믿음이었다면 말이다.

　어느 날 저녁 집회 때 한 여성이 자기에게는 치유에 필요한 모든 믿음이 다 있다고 말한 적이 있다. 그때 나는 미안하지만 내게 겨자씨만한 믿음, 곧 우리 주님께서 말씀하신 그런 믿음만 있어도 우리가 보아온 그 어떤 기적보다 큰 기적을 예수의 이름으로 행할 수 있을 것이라고 대답했다.

믿음의 기도라고 생각하며 기도했는데도 아무 일이 일어나지 않았다면 우리가 믿음이라고 생각했던 것이 사실은 믿음이 아니었다는 것이 이제는 분명해지지 않았을까? "겨자씨 만한 믿음"이 효력이 있을 때도 있고 없을 때도 있다고 예수님께서 말씀하셨던가? 본문을 다시 읽어 보라. 예수의 선언은 명백하고도 구체적이다. 거기에는 어떤 모호함도 없다. 그것은 영원하신 하나님께서 친히 입을 열어 하신 명확한 사실 선언인데 누가 과연 그 하나님보다도 더 큰 권위로 말할 수 있단 말인가?

이런 믿음이 있기만 하면 언제든, 어디서든 예전처럼 불쌍한 병자를 에워싸고 몇 시간이고 선채로 꾸짖고 명령하고 몸부림치고 탄원하는 일은 하지 않을 것이다. 중보의 필요성은 있지만 참 믿음이 역사할 때는 그렇지도 않다. 그리스도의 믿음을 받으면 폭풍이 잠잠해지며 영혼에 평화가 깃든다. 들려오는 소리는 오직 감사와 찬양의 목소리 뿐이다. 그때 우리는 비로소 병을 낫게 한 것이 우리 믿음의 능력이 아니라 그리스도의 믿음을 받았기 때문이라는 것을 깨닫게 된다. 그런 사실을 이해할 때 마치 아침의 첫 햇살이 밤의 어둠을 몰아내듯이 그리스도의 영광이 우리 영혼을 환히 비추게 될 것이다.

그리고는 아침이, 찬란한 아침이 우리 영혼에 찾아올 것이다. 우리는 아침을 믿을 수도 있고 아침을 사랑할 수도 있고 아침에 대한 확신을 가질 수도 있지만 오직 하나님께서만 그 아침을 보내주실 수 있다. 마찬가지로 우리는 치유를 믿을 수 있고 우리의 복된 구세주를 믿을 수 있고 그 분의 치유 능력을 믿을 수 있지만 오직 주 예수 그리스도만이 우리를 승리의 봉우리로 높이 들어올릴 수 있는 사역을 행하실 수 있다.

그리스도께서 주신 믿음을, 믿을 수 있는 인간의 정신력과 혼동하는 사람들이 많이 있다. 자리에 앉으면서 "나는 치유함을 받았다 — 나는 치유함을 받았다 — 나는 치유함을 받았다"는 말을 되풀이하는 것은 비성경적일 뿐 아니라 영적으로 위험하기도 하다. 그런 영적으로 건전하지 않은 방법으로 일부 신경병 환자에게 도움을 줄 수 있다는 것은 인정하지만 그런 식으로는 결코 주님께서 말씀하신 것처럼 산을 옮길 수는 없다.

휠체어에 앉은 한 남자가 기억난다. 그는 어디서든 흔히 볼 수 있는 그런 사람이었다. 그 남자를 휠체어에서 일어나게 하기 위해 그 남자 주변을 열 명 남짓한 사람들이 에워싸서는 갖가지 방법으로 안간 힘을 쓰고 있었다. 기도도 하고 눈물을 흘리며 명령도 하고 꾸짖기도 하는 등 그 남자를 걷게 하기 위해 할 수 있는 모든 수고를 아끼지 않았다. 그러나 그 남자는 일어나보고 또 일어나보고 했지만 번번히 실패만 할 뿐이었다.

나중에, 내가 그와 조용히 대화할 기회가 있었는데 그 때 그는 믿기 위해 무진 애를 썼다고 말했다. 그는 자기가 한 때 큰 믿음의 소유자였으나 이제는 당혹스럽고 어찌해야 할 줄 모르겠노라고 말했다. 나는 믿음이 무엇인지에 대해 그가 전적으로 오해하고 있음을 발견했다. 그는 자기가 나을 수 있다고 믿기만 하면 나을 수 있다고 생각했다. 그래서 그는 그토록 몸부림치고 애를 썼던 것이다.

그는 하나님의 약속을 믿었다. 그는 그리스도께서 자기를 고치실 수 있음을 믿었다. 그는 그밖에도 많은 것들을 믿었다. 이 불신과 공포의 시대에 정말 놀랍고도 영광스런 믿음이 그에게 있었다. 그러나 그는 불가능한 것을 위해 헛된 노력을 하고 있었다. 그는 기적이 일어나는 것은 자신의 정신적 신념의 능력에 달려 있다고 생각했던 것이다.

나는 그에게 예수님께서 물을 포도주로 바꾸신 집을 방문했던 경험을 들려주었다. 내가 그 집 물 항아리 앞에 섰을 때 성령께서 내 마음에 하신 말씀을 이야기했다. 나는 주님께서 갈릴리 가나에서 행하신 기적 이야기를 믿느냐고 그에게 물었다. 그는 믿는다고 대답했다. 나는 가나를 방문했던 그 날 오후 일을 돌아보며 다시 한번 성령의 따사로운 임재의 빛을 느꼈다.

그 날 내가 받은 교훈은 이렇다. 예수의 어머니와 제자들이 거기 있었는데 그들이 물을 포도주라고 믿었다면 그 믿음만으로 물이 포도주로 변했을까? 물론 그렇지 않다! 물이 포도주로 변하기 위해서는 예수의 말씀과 하나님의 손길이 필요했다. 그들은 항아리에 물을 부을 수 있었고 아구까지 채울 수 있었고 정해진 곳까지 항아리를 나를 수는 있었다. 그들은 예수님께서 지시하신 일들을 할 수 있었다. 예수님께서는 결코 사람들에게 불가능한 일을 요구하시지는 않기 때문이다. 불가능한 일을 행하는 권세는 오직 예수만이 가지시는 것이다.

  하나님께는 모든 일이 가능하다. 하지만 마가 9:23은 이렇게 말한다: "믿는 자에게는 능치 못할 일이 없느니라." 여기서 예수님께서 말씀하시는 믿음이란 머리로 믿는 믿음도, 정신적 묵종도 아니고 마음으로 믿는 믿음, 곧 참 믿음이다. 이는 마태가 전한 정신병자 이야기에서 입증된다. 마태의 설명에서는 예수님께서 "너희가 만일 믿음이 한 겨자씨만큼만 있으면"이라고 말씀하신 반면, 마가 이야기에서는 "너희가 믿으면"이라고 말씀하셨다. 그러므로 마가의 "믿음"과 마태의 "믿음"은 동일한 것이다. 그것이 내가 말하고자 하는 요점이다. 성령께서 내 가련한 눈을 떠서 보게 하신 것이 바로 그것이다. 믿음은 지적(知的)인 것이 아니라 영적(靈的)인 것이다. 그것은 머리에 속한 것이 아니라 마음에 속한 것이다. 참 믿음은 "이루어진 줄로 여기는" 우리의 능력이 아니라 이루어 진 것으로 하나님께서 마음 속에 주신 깊은 의식이다. 그 믿음은 오직 그리스도만이 주실 수 있는 것이다. "믿음의 주요 또 온전케 하시는 이인 예수를 바라보자^{히 12:2}"

  나는 이렇게 휠체어에 앉은 남자에게 이야기를 해주었

다. 아침 해를 받아 꽃이 피는 것을 본 적이 있는가? 나는 그 날 그 휠체어에 앉은 가련한 남자의 얼굴에서 그런 모습을 보았다. 그는 집으로 돌아가 그의 삶의 여리고 길로 나사렛 예수님께서 지나가심을 성령께서 그의 영혼에 속삭여주시는 그 순간까지 인내하며 기다렸다.

며칠 밤이 지난 후 그는 휠체어를 타고 다시 왔다. "오늘 밤 난 걸을 겁니다" 하고 그는 선언했다. 그의 눈은 믿음으로 반짝거리고 있었다.

"어떻게 그걸 아십니까?" 하고 나는 물었다.

그가 대답했다. "내 영혼이 너무나도 고요하고 평화롭습니다." "주님께서 나와 함께 계시다는 것을 알기에 너무 행복합니다. 이제 내게 필요한 것은 주님의 말씀에 순종하고 주님의 복된 이름으로 기름부음받는 것 뿐입니다." 이번에는 어떤 몸부림도 없었다. 중보기도조차도 없었다. 그것들은 이미 이전에 다 지나가버렸기 때문이다.

햇빛의 입맞춤이 지구에 닿으면 어둠과 빛 사이에 여명의 몸부림이란 건 있을 수 없다. 언덕 위로 태양이 솟아오르면 어둠이 있을 자리란 없는 법이다. 그는 휠체어에서 일어나 제단 앞 통로를 걸었다. 그리고는 무릎을 꿇고 경배와 찬양을 올렸다. 오직 하나님만 주시는 마음의 믿음, 곧 참 믿음을 받고 마음을 쏟아 감사를 드렸다.

:: 주님께서 찾아오신다 ::

집배원이 여러분과 나누고 싶은 편지를 방금 전해주고 갔다. 한 여자의 이야기가 담긴 편지이다. 그 여자는, 영혼의 구세주로서 그리고 육신의 치유자로서 주님에 대해 증거했던 지난 수년 동안에 만난 그 누구보다도 심한 장애를 앓고 있었다. 처음 만났을 때부터 그녀는 간절하게 자기를 위해 기도해줄 것을 부탁했다. 자기를 고쳐달라고 간청했다. 나는 그렇게 할 수 없었고 또 하지도 못할것을 알고 있었다. 계속해서 명령하고 꾸짖고 간구 할 수는 있었겠지만 그렇게 하지 않았다. 나도 단지 산자락에 있는 제자에 불과했다. 우리에게는 주님의 오심이 필요했다.

나는 예수를 믿었고 쓰러진 자를 일으키실 수 있는 예수의 권세도 믿었다. 예수의 약속을 믿었고 그분의 말씀에 의지해 살았다. 하지만 십년 동안 손으로 기어서 살아왔던, 하반신을 전혀 쓰지 못하는 그 여자의 얼굴을 바라보는 순간 여자가 나을 것이라고 믿는 것 이상의 그 무엇이 필요하다는 음성이 마음 속에 들려왔다. 이성을 초월하는, 주님이 주시는 믿음이 필요했다. 정신적 신념 같은 것으로는 일으킬 수 없는, 영적인 마음의 믿음이 필요했던 것이다. 여자에게 필요한 것도 같은 것이었다.

그래서 나는 여자와 함께 예수를 만나기 위해 간절히 기도했다. 인내를 가지고 주님을 기다리라고 그녀에게 당부했다. 그 여자의 시간이 올 것이다. 나는 그렇게 마음으로 느끼고 있었다. 예수님께서는 절대로 실패하시지 않는다는 걸 난 알고 있었다. 그런데도 오직 예수의 권세로만 행할 수 있는 일을 어리석은 우리의 수고로 이루겠노라며 얼마나 자주 주님의 사역을 가로막고 있는지.

날마다 여자의 남편과 친구들이 그녀를 집회에 데리고 나왔다. 날마다 그는 주님의 얼굴을 갈망했다. 밤마다 남편과 친구들이 아무 힘도 쓸 수 없는 그녀를 데려와서 낡은 목재 의자에 앉혀놓았다. 사람들이 이따금 기도하곤 하던 의자였다.

몇 날이 지나갔다. 여자는 영으로 성전 계단을 지나 주님의 성소로 올라갔다. 그렇게 복종과 희생의 제단을 지났다. 그러던 어느 날 그는 지성소, 곧 하나님의 거처로 들어섰다. 얼마나 놀라운 밤이었던가! 그 날은 주일이었다. 치유는 인간이 손으로 찍어낸 프로그램 위에 적힌 그 무엇이 아니다. 하나님은 나사렛 예수님께서 지나가실 때 기적을 행하신다. 바로 그때에 성령께서 우리로 하여금 형식과 예식과 계획을 초월하게 하신다.

한 아름다운 영이 그 주일 저녁 예배에 충만했다. 여자는 남편이 데려다 줘서 제단 앞으로 나올 수 있었다. 하지만 무릎은 꿇을 수 없어서 누운채 기도를 했다. 그때에 예수님께서 오셨다. 예수님께서 자신의 모습을 여자에게 보여주셨다. 여자는 긴 여정의 끝자락에서 마침내 예수를 만났다. 예수는 웃음을 띠고 계셨다. 여자는 믿음이 마음 속에서 강물 처럼 흐르는 것을 느꼈다. 여자는 무슨 일이 일어날 것을 예감했다. 어떻게, 또는 왜 인지는 말하기 어려웠지만 하나님의 아들의 믿음이 자기에게 임했다는 것은 알 수 있었다.

같은 순간에 내게도 구세주의 믿음이 임했다. 나는 강단 위의 목사에게 말했다. "오늘 밤 우린 주님의 영광을 보게 될 겁니다." 실제로 그랬다.

치유을 위한 참 믿음

주님의 손이 여자에게 닿는 순간 여자의 몸이 펴졌다. 오그라든 여자의 지체가 굉장히 빠른 속도로 정상적 크기로 회복되었다. 여자는 자리에서 일어났다! 그리고 걸었다! 이제는 사랑하는 예수의 팔 외에는 남의 도움을 받을 필요가 없게 되었다.

십자가 아래로 죄인들이 구세주를 만나기 위해 몰려들었다. 집회장에는 기쁨에 찬 마음에서 우러나는 찬양이 울려퍼졌고 회중의 화답소리가 메아리쳤다.

오직 예수, 오직 예수,
오직 예수만이 만족함을 주시네.
내 주님 가까이 계시니
모든 무거운 짐이 축복이 되네.

:: 오 직 예 수 ::

이 이야기를 말하는 까닭은 믿고자 하는 인간의 노력과 하나님의 선물로서 오는 믿음의 차이를 알려주기 위함이다. 오직 주님만이 주실 수 있는 믿음을 우리의 신념과 혼동하는 것보다는, 나사렛 예수님께서 오셔서 불쌍한 인생에게 믿음의 언어를 말씀하실 때까지 기다리는 것이 얼마나 더 좋고 얼마나 더 성경적인가.

아무 힘도 쓸 수 없는 그 가련한 여자를 사람들이 처음 내게 데려왔을 때 나는 다음 세 가지에 주목했다.

첫째, 여자에게는 치유에 필요한 믿음이 없었다.
둘째, 내게도 치유에 필요한 믿음이 없었다.
셋째, 오직 예수님 만이 우리에게 필요한 믿음이 있었다.

그래서 우리의 사명은 예수께 가까이 나아가는 것이었다. 우리에게는 기도함으로써 고통과 염려를 예수께 가져갈 수 있는 특권이 있다. 우리가 받은 영적 유산 가운데에는 세상으로부터 벗어나서 거룩한 교제의 곳으로, "하늘이 내려와 우리 영혼을 만나주시는, 영광이 가득한 시온소"로 나아갈 권리가 들어 있다. 우리는 바로 그 일을 했다. 우리는 정신력과 의지를 모아 그때 그 자리에서 무언가를 시도할 수 있었다. 명령하고 타이르고 위협할 수 있었고, 여자는 여자대로 믿음보다는 의지의 힘으로 다른 사람들이 그랬던 것처럼 일어나기 위해 노력할 수 있었다. 그러나 아니다. 더 나은 방법이 있었다. 그것은 하나님의 방법이다. 성경의 방법이다. 왕의 신하가 가버나움에서 가나까지 온 길은 멀었지만 그는 예수를 만난 뒤 그 여행을 결코 후회하지 않았다 (요한 4:46-51을 보라).

이제 여러분에게 내가 아는 어느 한 자매의 편지를 소개해드리고 싶다.

— ❀ ❀ ❀ —

로렐, 온타리오
1940년 10월 12일

사랑하는 프라이스 형제님
예수 안에서 문안 인사드립니다. 할렐루야! 예수님 때문에 내 마음에 기쁨의 종이 울리고 있습니다.

내 몸에 큰 기적을 행하신 그 날의 기념일이 가까와오면서 형제님을 향한, 나와 남편의 감사와 따뜻한 마음이 정말 각별해진답니다. 정말 고맙게도 복되신 그리스도께서 그 날, 그러니까 1924년 10월 19일 저녁에 우리에게 오셔서 너무나도 귀한 능력으로 우리와 함께하심을 나타내주셨어요. 주님께서 얼마나 좋은 것을 우리에게 주셨는지! 주님께서는 형제님을 제자 삼으셔서 저의 몸을 고쳐주셨을 뿐 아니라 영혼까지 구원해주셨습니다. 정말 그때 나는 가련한 처지에 있었습니다. 프라이스 형제님도 아시지요? 그때 저에게는 영적으로나 육신적으로 너무나도 도움이 절실했었지요.

영적으로 말하자면 저는 구원받았다고 생각했었지만 실상은 좀 애매한 상태에 있었어요. 세상을 즐기자니 주님이 걸렸고, 주님 안에서 참 기쁨을 누리자니 세상이 걸렸었지요. 하지만 형제님이 전하시는 복음을 듣고 저뿐 아니라 제 남편의 마음에 주님의 참 기쁨이 찾아왔고 예수의 깨끗케 하시는 보혈로 우리들의 많은 죄가 씻겨 나갔다는 확신 가운데 거 하게 되었어요.

치유을 위한 참 믿음

육신적으로 말하자면 형제님도 제 몸 상태가 어떠했는지 잘 아실 거예요. 사람들이 저를 형제님의 집회에 데려갔을 때 제가 얼마나 형편없는 상태였는지 형제님도 직접 보셨지요. 걷거나 일어서지 못했던 건 말할 것도 없고 보통 사람들처럼 의자에 앉았을 때 발을 마루에 붙일 수도 없었어요. 장장 십년 동안이나 그렇게 무력하게 사는 동안 어디든 다닐 때는 신실한 남편의 팔에 안겨서 다녔고 고통도 끝이 없었어요. 그러던 중 예수님께서 다시 여리고 길로 걸으시다가 형제님의 집회에서 저를 만나주셨죠. 그래요. 내게서 그 말을 이미 여러번 들으셨겠지만 형제님한테 다시 또 하고 싶어요. 저는 물론이고 남편 역시 그 이야긴 아무리 해도 질리지 않아요. 형제님도 아시듯이 예수님이잖아요. 귀하신 예수님 말이에요.

이 이야길 하자니 가슴이 미어지고 눈물이 나는 군요. 예수님의 사랑이 저를 그분 앞에서 찬양과 감사로 녹여버렸어요. 그래요, 예수님께서는 지금도 병자들을 고치세요. 프라이스 형제님 그 복음을 계속 전해 주세요. 우리 주변에는 병들고 고통당하는 사람이 너무 많아요. 하나님의 말씀은 예수님께서 오래 전 이 땅에 계셨을 때 다리를 저는 사람, 눈먼 사람, 그리고 나병 환자를 비롯해서 온갖 병자들을 고쳐 주셨다고 가르쳐 주고 있어요. 예수님은 우리가 사는 지금 이 시대에도 똑같은 일을 하고 계신다는 것을 우리는 믿어요. 예수님의 권능은 결코 줄지 않았어요. 예수님이 갈보리에서 흘리신 십자가의 보혈은 그때나 지금이나 똑같은 능력이 있어요.

1924년 10월 19일 주일, 예수님께서 저의 병든 발에 손을 얹으셔서 어떤 고통도 없이 걸을 수 있게 해주셨고 기쁨으로 돌아갈 수 있게 해주셨어요. 실제로 그때부터 남편과 저는 예수 안에서 늘 기뻐하며 살아왔어요. 16년간 건강하고 힘있게 그리고 활발하게 살았지요. 그동안 몇번 몸에 큰 시련도 겪었고 뼈가 부러지기도 하고 신앙의 갖가지 시험도 있었지만 형제님도 잘 아시다시피 하나님의 약속이 굳건하게, 그리고 확고하게 저를 지켜 주셨다는 걸 다시 한번 말씀 드리고 싶답니다. 우리 하나님께 모든 영광을 돌려요. 남편이나 저나 예수님께서 파리스의 그 복음 집회에서 우리의 위대하신 치유자가 되어주신 이래 아무리 사소한 치료라 해도 단 한번도 받아본 적이 없거든요.

예수께 감사와 찬양을 올리며, 그 크신 일에 형제님이 담당하셨던 부분이 있었기에 형제님에게 다시 한번 감사를 드리고 싶어요. 바울 처럼 형제님도 하늘의 비전에 불순종하지 않으셨어요. 형제님은 어떤 식으로든 타협하지 않고 예수님께서 오늘날에도 병자를 고치신다는 사실을 빠뜨리지 않고 온전한 진리를 선포했지요.

남편과 저는 육신적으로 아주 건강해요. 모든 영광과 찬양을 우리의 의사이신 예수께 돌립니다. 지금은 어떤 종류든 먹거나 바르는 약이 필요없어요. 하나님의 약속으로도 충분하니까요. 할렐루야! 예수님은 절대로, 절대로 실패하는 법이 없으세요.

우리는 계속해서 형제님을 위해 기도하고 있답니다. 언제나 성령의 인도하심을 받아, 그리고 위로부터 기름 부음을 받아 과거보다 더 큰 사역을 담당하시고 그리스도의 헤아릴 수 없는 부요함을 선포하시길 바래요.

편지를 쓰는 동안 성령께서 얼마나 날 따뜻하게 하셨던지, 하나님의 능력이 얼마나 큰 감동을 주시고 충만케 하셨던지! 할렐루야! 예수는 살아계셔요. 하나님께 감사해요. 하나님은 우리 안에 살아 계십니다.

예수 안에서 언제까지나 형제님에게 감사하는, 형제님의 참된 친구로서 마음 속 깊이 그리스도의 사랑을 전합니다.

형제요 자매인 존슨 부부 드림

3

더 나은 길

The Real Faith For
Healing

율법 아래 있는 구약의 믿음과, 은혜 아래 있는 신약의 믿음 사이에는 차이가 있다. 히브리서의 핵심 단어는 "더 나은"이다. 히브리서 기자는 대비를 통해 기독교의 진리를 독자들에게 보여주고 있다. 과거를 폐기하지는 않지만, 꽃이 뿌리로부터 자라듯 기독교가 유대교로부터 자랐음을 보여준다.

뿌리라 할 수 있는 제사의식에 가리워 있던 것이 후에 꽃이라 할 수 있는 은혜의 색과 향과 아름다움으로 피어나게 된다. 꽃이 뿌리보다 더 낫지 않은가? 끝이 시작보다 더 낫지 않은가? 그리스도의 피가 양들의 피보다 더 낫지 않은가? 예수가 조상들에게 나타났던 천사들보다 더 낫지 않은가? 하나님의 아들의 목소리가 예언자들의 목소리보다 더 낫지 않은가?

이것이 바로 히브리서의 핵심이다. 히브리서 저자가 믿음 장을 쓸 때 편지 전체의 목적이나 동기에서 벗어나게 쓸 필요가 있을까? 물론 아니다. 핵심 주제는 여전히 "더 나은 것"이며 기록 목적은 믿음으로 간주되었던 족장들과 예언자들의 행위나 말과 대비하여 예수의 더 나은 믿음을 보여주기 위한 것이다. "하나님이 우리를 위하여 더 좋은 것을 예비하셨은즉 우리가 아니면 저희로 온전함을 이루지 못하게 하려 하심이니라히 11:40"

달리 말하자면 조상들의 행위와 증언들이, 기독교인 유대인들이 보고 찬탄할 미술관의 그림들처럼 내걸렸다. 거기에는 아벨, 에녹, 노아, 아브라함, 사라, 이삭, 야곱의 이야기가 있어서 하나님의 말씀에 대한 순종의 그림으로서 틀에 끼워졌다. 그런 뒤에 모세와 여호수아의 이야기가 펼쳐졌고 이어서 예수 탄생 이전 시대의 뛰어난 사람들의 일대 퍼레이드가 전개되었다. 그러나 히브리서 어디에서도 저자는 오늘날 우리의 믿음이 구약의 믿음을 본받고 그 믿음대로 움직여져야 한다고 말하지 않는다. 히브리서 저자는 더 나은 것을 말하고 있다. 그는 뿌리에서 자라난 꽃에 대해 말하고 있는 것이다.

옛날의 믿음은 명령에 대한 순종의 차원에서 말과 행위로 나타났다. 그러나 그 이상의 것이 있다. 말과 행위는 신약이 가르치고 있는 참 믿음의 아주 작은 일부에 지나지 않는다. 물론 행위도 있고 증언도 있다. 그러한 것들만으로는 믿음이라 할 수 없다. 적어도 신약의 믿음은 될 수 없는 것이다.

히브리서 11장이 설명하고 있는 인물들을 구약에서 찾아보면 그들의 삶과 관련하여 믿음이란 단어가 한번도 사용되지 않았다는 것을 알 수 있다. 구약에서 믿음이라는 단어는 단 두번만 사용되었는데 한번은 예언에, 그리고 다른 한번은 악한 세대의 불신앙과 관련해서 쓰였다 (합 2:4와 신 32:20을 보라).

따라서 히브리서 기자는 그러한 구약 인물들의 삶을 신약 신자들이 본받아야 할 모범으로 간주하기보다 예수 안에서 발견할 수 있는 더 놀라운 것의 시작으로 간주하고 있다. 즉 우리가 가져야 할 믿음은 구약의 모든 신자들이 가졌던 것에 무언가가 더해져야 한다. 구름같이 둘러싼 수많은 증인들이 있으므로 신약의 믿음의 사람들은 무거운 짐과 죄를 벗어버리고 앞에 놓인 새로운 믿음을 향해 인내로써 경주해야 한다. 그러기 위해 그들이 해야 할 일은 믿음의 주요 또 온전케 하시는 이인 예수를 바라보는 것이다(히 12:2를 보라). 예수님께서, 그들의 믿음과 사도들의 믿음의 주요 또 온전케 하시는 분이시라면, 우리에게도 역시 그 분은 믿음의 주요 또 온전케 하시는 분이 되신다. 모든 참 믿음은 예수 안에서 시작하고 예수안에서 끝난다. 히브리서 구절은 예수님께서 예수의 믿음의 주요 또 온전케 하시는 이라고 말하지 않고 나의 믿음, 그리고 당신의 믿음의 주요 또 온전케 하시는 이라고 말하고 있다.

:: 믿음과 예측 ::

알파 앞에 아무것도 없고 오메가 뒤에 아무것도 없다(계 1:8, 11을 보라). 알파와 오메가이신 주님이 모든 것을 시작하셨고 모든 것은 주님 안에서 시작된다. 또한 주님이 모든 것을 끝내시고 모든 것은 주님 안에서 끝난다. 믿음을 원한다면 주님을 찾아야 한다. 그 비할데 없는 분, 곧 "우리 믿음의 주요 또 온전케 하시는 이" 말고는 어디에서도 믿음을 얻을 수 없다.

히브리서 11장을 읽고도, 11장의 인물들의 행위를 보고도 팔 소매를 걷어부치고 행위로써 우리 믿음을 입증하려는 잘못을 저지르지는 않았는가? 당신은 그런 적이 없는가? 만약 그런 적이 있다면 응답되지 않는 것처럼 보이는 기도 때문에, 그리고 믿음이라고 잘못 생각했던 무능력 때문에 당황했을 것이다.

이것을 기억하라:

믿음은 행위로 나타난다. 그러나 행위가 믿음으로부터 나오는 것이지 믿음이 행위로부터 나오는 것은 아니다.

주님께서 주신 믿음과 인간의 예측을 분간하기 쉽지 않은 것도 그때문이다.

몇년 전 브리티시 컬럼비아의 빅토리아에서 다른 몇몇 목사들과 함께 메트로폴리탄 감리교회에 들어서는 순간 한 노부인이 승용차에 싣기에는 너무 큰 휠체어에 앉은채 트럭에서 내려지는 모습을 본 일이 있다. 나는 모자를 벗으며 "하나님께서 복주시기를" 하고 인사를 했다.

그러자 이슬맺힌 눈으로 부인이 대답했다. "프라이스 박사님. 하나님께서는 줄곧 내게 복을 주셨습니다. 하나님은 너무나 자비롭고 은혜로우셔서 지금도 주님이 함께 하심을 느낄 수 있습니다."

"고침을 받으러 오셨습니까? 하고 내가 물었다.

"그렇습니다." 부인이 대답했다. "주님의 이름을 찬양합니다. 난 물이 움직였다고 믿습니다."

그때 트럭 운전사가 몸을 앞으로 기대며 말했다 "부인, 예배가 끝난 뒤에 모시러 올까요?"

부인의 얼굴에서 빛이 번쩍이는가 싶더니 이렇게 대답했다. "아니요. 이젠 트럭이 필요없어요. 휠체어를 놔두고 기차를 타고 돌아갈래요." 운전사는 머리를 긁적이더니 부인을 향해 눈쌀을 찌푸렸다. 부인이 바보라고 생각하는 것이 분명했다. 운전사는 그렇게 트럭을 몰고 가버렸다. 정말 부인에게는 그 트럭이 필요없었다! 부인은 고침을 받고 기뻐하며 돌아갔다. 기차를 타고 돌아갔다!

이 이야기를 중서부 지방의 어느 집회에서 전했더니 이

튿날 한 부인이 나를 자기 시골집에서 만나고 싶다는 전갈을 보내왔다. 부인은 찬송가를 부르고 있는 사람들에게 둘러싸여 침대에 누워있었다. 부인이 말했다. "프라이스 형제님, 휠체어를 집으로 보내버렸어요." 부인은 내 외침 소리를 기다렸다. 그러나 나는 외치지 않았다. 오히려 나는 낙심했다. 그녀에게 믿음이 없는 것이 보였기 때문이다.

부인은 내가 자기에게 집중하지 않는 것을 보더니 몸을 돌려 "하나님께서 한 여자를 고치실 수 있다면 다른 여자도 고치실 수 있어요" 하고 말했다.

그날 저녁 늦게 나는 그 집을 나섰다. 그 부인은 여전히 일어나 걸을 수 있다고 주장하는 무리에 둘러싸여 있었지만 부인은 슬픔에 잠긴채 그곳을 떠나야 했다. 그 부인에 대해서 주님은 이렇게 말씀하실 수 있다. "네게 부족한 것이 하나 있다."

위의 두 사람이 보인 행동은 똑같았다. 두 사람 다 휠체어를 집으로 돌려보냈다. 그러나 첫번째 경우는 믿음이었고 두번째 경우는 예측이었다. 신약의 믿음에 따르면, 행위가 믿음으로 말미암아 올 수 있는 것이지 행위로 말미암아 믿음이 오는 것이 아니다. 행위는 믿음으로 말미암아 올 수 있으나 믿음은 반드시 하나님으로 말미암아서만 온다.

이것이 바로 히브리서가 말하는 더 나은 길이다. 믿음장이라고 부르는 히브리서 11장의 목적과 주요 동기가 바로 이것이다. 어떤 필요나 문제가 있는가? 그것을 예수께로 가져가라. 주님의 발 앞에 내려 놓아라. 주님을 믿고 의지하면 주님의 믿음이 여러분 안에서 역사 하시는 것을 보게 될 것이다. 우리 주님의 믿음이 저 대양 보다도 만 배는 더 넓은데 어찌하여 수고와 노력의 작은 찻잔 안에서 맴돌고 있는 것인가?

그리스도는 인간을 차별 하시는 분이 아니다. 그리스도는 지극히 약한 자와 작은 자까지 사랑하신다. 그러나 우리는 자기 자신을 높이기도 하고 영적인 성취에 교만해지기도 해서 간증을 해도 자기 의(自己 義)를 드러내는 허세만 부릴 뿐이다. 우리는 마음 속에서 넘쳐흐르는 거짓 없는 사랑을 가지고 어린아이와 같이 그리스도께 나아가야 한다. "너희가 어린 아이들과 같이 되지 아니하면 결단코 천국에 들어가지 못하리라."

치유을 위한 참 믿음

조용히 예수께 나아가라.

이 은혜의 시대에 기독교인의 믿음은 오직 그리스도 안에서만 찾을 수 있다. 복되신 주님 안에서 우리는 필요한 모든 것을 충분히 얻을 수 있다. 노아가 가졌던 것은 좋은 것이었으나 우리가 가진 것은 더 좋은 것이다. 노아에게는 하나님의 말씀이 있었지만 우리에게는 하나님의 아들이 계시다. 노아의 기초가 하나님의 말씀이라면 우리의 기초는 그리스도 자신이시다. 저 놀랄만한 히브리서 11장은 하나님을 믿고 순종하며 하나님과 동행했던 사람들의 행위 가운데 나타난 하나님의 영광에 대한 찬양이다.

에녹은 어느 날 하나님과 함께 길을 나섰다가 다시 돌아오는 것을 잊었다. 하나님께 속한 믿음이 하나님의 아들 안에서 이 세상에 왔다는 말로 히브리서 저자가 말하는 것은 요컨대 "그것은 옛 믿음이었으나 여기에 새 믿음이 있다. 그것은 좋은 길이었으나 여기에 더 나은 길이 있다"는 것이다.

:: 뮬러 이야기 ::

그리스도는 만유 안에서 만유가 되셨다. 성부의 사랑은, 성부께서 우리의 모든 필요를 채워주실 수 있을 뿐 아니라 채워주시기 원하신다는 사실로 잘 드러난다. 나는 이전부터 조지 뮬러의 생애를 읽어왔는데 뮬러는 누구에게든 돈을 요청하거나 자기에게 돈이 필요하다는 것을 알리지 않고도 고아들을 돕고 선교사들을 지원하는데 쓸 후원금 수백만 달러를 모금한 위대한 믿음의 사람이다. 찰스 파슨즈 목사는 뮬러와 나눴던 대화를 다음과 같이 전하고 있다.

어느 따뜻한 여름 날 나는 브리스톨 지방 애쉴리 힐의 그늘진 작은 숲을 거닐고 있었다. 그때 내 눈길이 닿은 곳은 언덕 꼭대기에 위치한 고아 2,000명을 수용하고 있는 거대한 건물이었다. 그 건물은 역사상 가장 놀라운 믿음의 유산을 남긴 사람이 지은 것이었다.

첫번째 건물은 오른 쪽에 있는데 그곳에 수용된 다른 사람들과 함께 소박하고도 단촐한 거처에 성자 조지 뮬러가 살고 있다. 문간채 입구에서 나는 잠시 멈춰서서 저 만큼 앞에 보이는 3호 건물을 바라보았다. 저 건물은 60만 달러로 지은 다섯 채 건물 가운데 하나다.

벨을 누르자 한 고아가 나오더니 높은 돌 계단을 지나 존경할만한 설립자 조지 뮬러의 방으로 날안내했다. 뮬러 선생은 이미 아흔 두살이었다. 그분 앞에 서게 되자 경외심이 솟구쳤다. "너는 센 머리 앞에 일어서고 노인의 얼굴을 공경하며…레 19:32"

뮬러는 따뜻한 악수로 날 영접하며 환영의 말을 했다. 하나님께서 도구로 쓰셔서 능력을 행하게 하신 사람을 만나는 것은 보통 일이 아니다. 게다가 그 사람의 목소리를 직접 듣는 건 더 대단한 일이고 가까이에서 대면하여 그 따뜻한 숨결을 느낄 수 있다는 건 더욱 더 큰 일이다. 그 날의 만남은 내 기억 속에 영원히 각인되어 있을 것이다.

"뮬러 선생님, 선생님의 전기를 읽어봤는데 이따금 선생님의 믿음에 큰 시험이 찾아온 적이 있더군요. 지금도 예전처럼 그런 일이 있습니까?" 뮬러는 몸을 앞으로 숙이고 한참동안 마루를 응시했다. 그러다가 똑바로 일어서서 얼마간 내 얼굴을 바라보았는데 그 진지한 눈빛은 마치 내 영혼 깊은 곳을 꿰뚫는 것같았다. 흐린 빛이라곤 찾아볼 수 없는 그의 눈에는 위엄이 서려있었다. 그 눈은 영적인 계시와 하나님의 깊은 비밀을 통찰하는데 익숙한 눈이었다. 내 질문이 좀 야비했던 것인지, 아니면 뮬러가 강연 중에 언급한 바 있는 그의 내면에 머물러 있는 옛 자아를 건드린 것인지 나는 모른다. 어쨌든 내 질문이 그의 존재 전체에 어떤 물결을 일으켰다는 긴 의심의 여지기 없었다. 잠시 침묵이 흘렀다. 그 순간의 그의 얼굴은 설교 그 자체였다. 그의 맑은 눈 깊은 곳에서는 불꽃이 타올랐다. 그는 외투의 단추를 풀더니 주머니에서 가운데에 고리가 있는 낡은 지갑을 꺼냈다. 그는 지갑을 내 손에 쥐어주며 이렇게 말했다.

"내가 가진 전 재산이 그 지갑 안에 있습니다. 한 푼도 빠짐없이요. 날 위해 저축해요? 절대로 그럴 수 없어요! 내 개인 용도로 쓰라고 누가 돈을 보내주면 난 그걸 하나님께 드립니다. 한번은 누가 내게 1,000파운드나 보낸 적이 있어요. 하지만 난 그 선물을 내것이라고 생각하지 않아요. 그건 하나님 것입니다. 나는 그분의 것이고 그분을 섬기는 자입니다. 날 위해 저축한다고요? 난 감히 그럴 수 없습니다. 그렇게 하는건 사랑하시고 은혜로우시며 가장 자비로우신 하나님 아버지를 욕되게 하는 짓입니다."

"응답이 오기까지 절대로 포기하지 않는 것이 가장 중요합니다. 나는 52년 동안 날마다 두 사람, 그러니까 내 젊은 시절 친구의 아들들을 위해 기도해왔어요. 그들은 아직도 주님께 돌아오지 않았습니다만 곧 돌아올 겁니다. 어떻게 다른 일이 있을 수 있겠어요? 여호와의 변치 않는 약속이 있고 난 그걸 의지합니다. 하나님 자녀된 자의 가장 큰 잘못은 끊임없이 기도하지 않는다는 것입니다. 그들은 인내할 줄을 몰라요. 하나님의 영광을 위한 무언가를 바란다면 얻을 때까지 계속 기도해야 합니다. 우리와 관계를 맺어주시는 하나님은 얼마나 좋으시고 자비하시고 은혜로우시고, 얼마나 겸손하신지! 그분은 아무런 자격도 없는 나에게 내가 바라거나 생각했던 것보다 상상할 수 없이 더 좋은 것을 내게 주셨어요. 나는 너무나도 약하고 죄많은 인간일 뿐입니다. 그러나 그분은 수만번도 넘게 내 기도를 들어주셨고 수만명도 넘는 사람을 진리의 길로 인도하시는 데 나를 도구로 써 주셨습니다. 나는 이

나라에서든 다른 나라에서든 수만번도 넘게 증언을 했습니다. 이 아무런 가치없는 입술로 나는 수많은 회중에게 구원을 선포했습니다. 그리고 아주 많은 사람들이 믿고 영생을 얻었습니다."

 조지 뮬러의 말이다. 뮬러가 살아 있었을 때 나 역시 비록 어린 아이였지만 브리스톨에서 살고 있었기 때문에 바로 우리 시대의 사람의 말 이라고 할 수 있다. 샘에서 물이 솟아나며 뿌리에서 꽃이 자라난다는 교훈을 배운 사람의 말이다. 뮬러는 하나님의 믿음은 오직 하나님에게서만 오며, 다른 어떤 곳에서도 찾을 수 없다는 것을 깨달았다. 그는 베풂의 은혜를 자유로이 행하시는 분께서 효율적인 받음의 은혜를 자기 제자들에게 가르치신다는 것을 알았다. 뮬러는 돈이 필요했을 때 돈을 가진 사람에게 가지 않고 돈을 가진 사람의 마음을 움직이실 수 있는 그리스도에게 갔다. 뮬러의 믿음은 주님과 날마다 생기찬 만남을 가짐으로써 생겨났다. 그는 하나님의 뜻 안에 거함으로써 일상에 필요한 것 이상을 얻을 수 있었다.
 사람들은 뮬러를 가리켜 "19세기의 믿음의 사도"라고

말한다. 아마 뮬러는 자기를 가리켜 한 말을 들었을 것이다. 뮬러는 히브리서 11장을 읽으면서 사람들이 거기에 나오는 믿음의 영웅들의 목록에 자기 이름을 더하고 있다는 사실을 의식했는지 궁금하다. 만약 의식했다면 그는 히브리서 11장의 마지막 절에 이르러서 "하나님이 우리를 위하여 더 좋은 것을 예비하셨"다는 부분을 읽으며 미소를 지었을 것이 분명하다. 그리고 뮬러는 그 더 좋은 것이란 것이 바로 두 구절 뒤에 나오는 말, 곧 "믿음의 주요 또 온전케 하시는 이인 예수를 바라보자^{히 12:2}" 임을 분명히 발견했을 것이다.

그러므로 이제 예수께 나아가자. 예수를 의지하는 법을 배워서 예수의 믿음을 받도록 하라. 당신에게 필요한 걸 그분께 알려드려라. 당신의 슬픔을 그분께 말씀드려라. 그렇게 하면 안팎으로 당신을 괴롭히는 소음과 염려로부터 평안과 자유를 얻되 그분이 계신 성소에서 그것을 누리게 될 것이다.

4

믿음의 기원

The Real Faith For
Healing

나는 부정적인 설교와 글을 아주 싫어한다. 설교자나 저자가 병 자체에 대해 논하는 것으로는 충분하지 않으며, 내 영혼과 마음에 만족을 주려면 그 치료법을 제시해야 한다. 무엇이 잘못됐는가를 지적하는 건 쉽지만 내가 알고 싶은 것은 무엇이 옳은가 하는 것이다. 때로 그것은 우리가 생각하는 것보단 조금 더 어렵다. 하지만 마침내 악의없이 저지른 실수를 바로잡고 진리의 길로 다시 들어선다면 잘못된 길은 하나님의 예비하심 가운데 오히려 축복의 유산으로 남을 수 있다. 우리는 오랫동안 잘못된 길에서 믿음을 찾아왔다. 이제는 우리를 참 믿음으로 이끌 바른 길로 들어설 때다.

무엇보다도 가장 분명히 해두고 싶은 것은, 우리는 믿음을 발생시킬 수도 없고 믿음을 불러일으킬 수도 없으며 믿음을 만들어낼 수도 없다는 사실이다. 믿음은 오직 하나님께서 나누어 주셔야만 존재할 수 있다. 믿음은 노력으로도 얻을 수 없고 어떤 신념으로도 얻어지는 것이 아니며 우리 자신의 능력으로, 소망이나 욕망을 믿음으로 바꿀 수 있는 것도 아니다. 믿음은 오직 주님께로 부터만 얻을 수 있다. 믿음은 두 가지 중 하나, 즉 하나님의 선물이거나 아니면 성령의 열매라고 하나님 말씀이 분명히 밝혀주고 있다.

바울은 고린도인들에게 이렇게 쓰고 있다: "믿음, 소망, 사랑, 이 세 가지는 항상 있을 것인데 그 중에 제일은 사랑이라."

하지만 사랑은, 가장 큰 것일지 몰라도 가장 먼저는 분명히 아니다. 사랑보다 앞서야 할 것은 믿음이다. 나무의 신비를 생각해보라. 나무란 참으로 균형잡히고, 참으로 사랑스러운 것이 아닌가? 오직 하나님만이 나무를 만드실 수 있다. 휘어진 가지들에는 아름다움이 있다. 떨리는 잎사귀들에는 사랑스러움이 있다. 모든 잎사귀는 그 자체로 작은 세계를 이룬다. 그 작은 엽맥들은 하나님이 공급하시는 생명을 나르며 그로 말미암아 잎사귀 고유의 영역을 유지케 한다. 그런데 나무의 이면에는 무언가가 있다. 지표 밑으로 숨겨진 뿌리 체계가 존재한다. 그것은 볼 수 있는 것은 아니지만 뿌리가 없으면 나무는 죽는다. 뿌리 없이는 생명을 가질 수 없다.

:: **믿음은 생명이다** ::

나무 뿌리는 땅 위에 있는 아름다운 가지나 잎에 비하면 추하고 투박하다. 하지만 푸른 가지나 잎이 있는 것은 부분적으로는 뿌리 때문이다. 나무의 윗 부분을 "사랑"이라고 가정하자. 우리는 그것을 볼 수도 있고 만질 수도 있고 그 향을 즐길 수도 있다. 그 아름다움을 볼 수 있다. 하지만 그것이 존재할 수 있는 것은 그 이면에 무언가가 있기 때문이다. 감추어져 있으나 그것이 존재할 수 있게 하는 무언가가 있기 때문이다. 그 무언가가 바로 뿌리이다. 그렇다면 믿음이 그 뿌리일까? 그렇지 않다. 믿음은 뿌리로 흘러들어가는 생명, 곧 하나님만이 만들어 주실 수 있는 영적 성질이고 뿌리는 우리의 영과 혼이다. 우리로서는 참 믿음이 무엇인가를 이해하는게 매우 중요하다. 나무 뿌리는 믿음이 아니다. 뿌리가 생명을 낳는 것이 아니라 생명이 뿌리를 낳는다. 믿음이 곧 생명으로서, 믿음은 놀랍고도 영광스러운 하나님의 영의 선물이며 우리를 지탱해주는 것이다. 뿌리로 흘러들어오는 생명을 나무가 스스로 만들어 내려고 애를 쓴다면 그건 어리석은 수고가 된다. 거기엔 노력이 필요없다. 필요한 것은 오직 하나님의 법에 순종하는 나무 고유의 기능을 지키면서 나무 안으로 생명을 받아들이는 것 뿐이다. 생명이 나무 안으로, 그리고 나무를 통하여 흘러들어오면 나무는 열매를 맺음으로써 그 생명을 나타내 보일 뿐이다.

믿음도 마찬가지이다. 세상에서 가장 좋은 것이 사랑일지라도 그보다 먼저 믿음이 있어야 한다. 믿음 없이는 하나님을 기쁘시게 할 수 없다. 당신이 스스로 믿음이 있다고 말한다면 나는 그 믿음이 어디에서 왔는가를 물을 것이다. 나무에서 빨간 사과 하나를 딴다. 사과가 그 중심에서 말하는 소리가 들린다. 자기에게 빨간 뺨이 있다고 말한다. 맛도 좋고 영양도 좋다고 내 귀에 속삭인다. 내게 맛을 한번 보라고 권한다. 자기에게는 고상하고도 멋진 성질이 많다고 말한다. 나는 그것이 다 어디에서 온 것이냐고 묻는다.

가지로부터? 비나 태양으로부터? 다 맞다. 그러나 열매를 맺으려면 땅 속의 숨은 부분인 뿌리가 하나님으로부터 무언가를, 나무의 지표 위 부분은 결코 스스로 생산할 수 없는 무언가를 받아야 한다. 그 무언가가 바로 생명이다. 나무로 하여금 자라나게 하고 열매를 맺게끔 하는 생명이라는 특성이다.

:: 무신론자와 하나님 ::

얼마 전에 내가 인도한 집회에 한 무신론자가 앉아있던 적이 있다. 그는 뻣뻣하고 냉소적이었다. 호텔 방에서 혼자 사는 사람이었는데 그런 독거 생활이 오히려 그의 불신앙적 성격을 더 증폭시킬 뿐이었다. 그 날 저녁에 나는

"이해할 수 없는 것 이해하기"라는 제목으로 설교를 했다. 나는 믿을 수 없는 것을 믿는 것과 지식을 뛰어넘는 하나님의 사랑을 아는 것이 가능하다고 선포했다. 이튿날 그는 내 방으로 찾아와서 내게 면담을 요청했다. 그는 논쟁하기를 좋아하는 사람이었으므로 나는 그에게 논쟁할 시간은 없지만 진솔한 물음에 대해서는 기쁘게 대답할 용의가 있다고 말했다.

그는 이렇게 말했다: "내게는 어떤 믿음도 없습니다. 난 성경도 믿지 않고 하나님이 있는지 어떤지 알고 싶지도 않습니다. 자연과 우주에 어떤 법칙이 있는 건 알겠지만 그런 법칙을 누가 만들었는지, 어디에서 왔는지도 난 모릅니다. 자, 프라이스 박사님. 어젯밤 박사님의 설교는 내 생각에 도전이 되었습니다. 내가 알고 싶은 건 이런 것입니다. 돈이 없는데 어떻게 돈을 쓸 수 있지요? 차가 없는데 어떻게 운전할 수 있지요? 믿음이 없는데 어떻게 믿을 수 있지요? 믿음이 없는 사람이 어떻게 믿을 거라고 하나님이 기대할 수 있지요? 하나님이 존재한다 치더라도 말입니다. 그런 상황에서 어떤 정의가 있을 수 있습니까?"

"정직한 사람으로서 진리를 알고싶으신 겁니까?"

"진리가 뭡니까?" 그가 되물었다. 어떤 진리를 말씀하시는 겁니까? 어떤 것을 의미하든 난 이제껏 한 번도 찾지 못했습니다."

나는 내 방의 한 쪽 벽으로 걸어가서 겟세마네 동산의 예수 그림을 찬찬히 응시했다. 여러분도 보았겠지만 예수님께서 한 바위 앞에 무릎을 꿇고 두 손을 모은채 눈을 들어 하늘을 우러러보는 그림이다. 난 내 몸의 움직임을 따라 그 사람의 눈도 그 그림에 쏠릴 것을 알았다. 잠시 후 그 사람을 돌아보며 말했다. "예수가 진리입니다. 예수가 길입니다. 예수가 당신의 생명이요 믿음입니다. 당신이 갖고 있지 않다고 말한 걸 예수는 풍성히 가지고 계십니다. 당신의 마음과 지식으로 얻으려 애써왔던 것을 말입니다. 예수는 당신 마음 속에 은혜의 강물처럼 그걸 주실 수 있습니다. 그러시기 위해 예수님께서 오신 겁니다. 사람을 자유하게 하시려고, 당신이 가진 그런 의심으로부터 자유하게 하고 두려움이나 불안으로부터 자유하게 하고 불신앙이나 죄같은 것으로부터 자유하게 하려고…"

"무슨 요정 이야기처럼 들리는군요." 그가 내 말을 끊었다. "믿을 수만 있다면 좋겠지요. 하지만 사람이든 하나님이든 믿을 수 없는 걸 어떻게 믿을 것으로 기대할 수 있단 말입니까?"

그는 가버렸다. 그리고 한 주 후에 다시 돌아왔다. 그의 얼굴을 들여다보니 이미 기적이 일어났으며 하나님께서 그의 영혼에 그리스도를 계시하셨다는 것을 알 수 있었다. 그가 말했다. "무슨 일이 일어났는지 아세요? 나는 주님께, 만약 주님이 계시다면 스스로를 보여달라고 말했어요. 하나님이 정말 계시다면 그 계신 것을 알 수 있게 무슨 일이든 해보이시라고 말했어요. 그러고 있는데 그분이 내게 가까이 계시다는게 깨달아졌어요. 하나님이 계시다는 걸 알게 됐어요. 내 영을 구할 영이 계시다는 걸요. 머리로는 이해하지 못했지만 마음으로는 알게 됐어요. 내겐 믿을 수 있는 믿음이 없다고 말하자 그분께서 내게 믿음을 주셨고 난 믿게 됐어요. 놀라운 일이 일어난 겁니다."

너무 쉬워서 거짓말 같은가? 그렇지 않다. 그것이 바로 하나님의 구원의 방법이다. "영접하는 자, 곧 그 이름을 믿는 자들에게는 하나님의 자녀가 되는 권세를 주셨으니 요 1:12" 나는 강단에서 제단 초청을 할 때 남자든 여자든 어린이든 관계 없이 모든 사람에게 자기 마음과 삶을 그리스도께 바치도록 유도한다. 우리가 믿음으로 말미암아 구원 받았을진대 영접할만한 믿음을 모든 사람이 가질 수 있을지 어떻게 아는가? 내가 초청하는 사람마다 다 영생을 얻을지 어떻게 아는가? 믿음을 가지는 사람도 있을 수 있고 가지지 않는 사람도 있을 수 있다. 우리가 하는 말을 사람들이 믿는다 해서 그들이 그 믿음, 또는 욕망을 죄 사함의 지식으로 바꿀만한 믿음이 있다는 것은 아니다.

그럼에도 불구하고 내가 "누구든 나아오라"고 외치는 것은 그리스도께서 모든 신실한 영혼에게 믿음을 주실 것을 알기 때문이다. 앞에서 인용한 요한복음은 이렇게 말하고 있다. "영접하는 자, 곧 그 이름을 믿는 자들에게는 하나님의 자녀가 되는 권세를 주셨으니." 그리고 바로 그 다음 구절은 이렇게 끝맺고 있다. "이는 혈통으로나 육정으로나 사람의 뜻으로 나지 아니하고 오직 하나님께로서 난 자들이니라."

죄인으로 하여금 자기 죄를 확실히 깨닫게 하시는 성령은 또한 같은 사람으로 하여금 그의 구원을 확신케 하는 믿음도 주신다. 그러나 그 누구도 그 믿음을 스스로는 가질 수 없다. 믿음은 받아야만 하는 것이다. 성경은 이렇게 말씀한다. "너희가 그 은혜를 인하여 믿음으로 말미암아 구원을 얻었나니 이것이 너희에게서 난 것이 아니요 하나님의 선물이라엡 2:8" 믿지 않는 사람은 어둠의 권세에 갇힌채 "세상에서 소망이 없고 하나님도 없는 자엡 2:12"라서 그 죄악으로 가득한 마음 속에 그리스도를 구세주로 영접하는 것은 고사하고 절대로 그런 믿음을 만들어낼 수 도 없다. 그러므로 성령께서는 구세주가 필요하다는 확신을 일깨워주셔야 할 뿐 아니라 그리스도를 영접할 믿음까지 같이 주셔야 하는 것이다.

당신의 믿음이 그리스도를 구세주로 영접하는 것을 가능하게 했다고 생각하지 말아라. 당신의 어떤 행위가 구속함의 기초가 되었다는 말도 하면 안된다. 우리 존재의 가장 깊은 곳에 생수를 주시는 분은 예수시다. 사랑의 팔로 우리의 무거운 짐을 받쳐 주시고 지친 몸으로부터 그 짐을 벗겨 주시는 분도 예수시다. 우리의 상한 심령에 하늘의 기쁨의 기름을 부어 주시는 분도 예수시다. 부드러운 손길로 근심의 주름살을 쓰다듬어 주시는 분도 예수시고 어둠의 권세에서 영광스런 하나님의 나라로 인도해 주시는 분도 예수이시다.

> 오 예수, 오직 예수,
> 내 영혼의 예수
> 나는 그분 옷자락 끝을 만졌으나
> 그분은 피로써 날 온전케 하셨네.

노래하라, 외쳐라, 선포하라. 예수의 피, 예수의 은혜, 예수의 권세, 예수의 용서, 예수의 믿음을!

:: 산 믿음 ::

우리는 언제쯤 되어야 어리석은, 그리고 불필요한 수고를 그치고 믿기를 시작할까? 우리는 언제쯤 되어야 우리가 가지지도 않은 믿음을 작동시키기 위한 비성경적인 정신적 공중회전을 멈출까? 하나님께서 믿음을 주시지 않으면 구원이나 치유나 그 무엇이든 필요한 믿음을 가질 수 없는데도 말이다. 신념을 가지고 있으면서 동시에 성경적 믿음을 전혀 행사하지 못할 수 있다. 수많은 사람이 신념을 믿음으로 생각하고 있다. 하지만 절대 그렇지 않다. 물론 믿음 안에도 신념은 있다. 그러나 "귀신들도 믿"는다^{약 2:19} 신념은 차갑고 지적인 것이며 정신 안에서만 작용한다. 죄인들 가운데도 성경을 믿는 사람이 많지만 그런 신념이 그들을 구원하지는 않는다. 수많은 기독교인이 치유를 믿지만 그런 신념도 그들을 치유하지는 않는다.

믿음은 살아 움직이며 거역할 수 없는 것이다. 믿음은 역동하는 힘을 가지고 움직이며 모든 회의와 불신앙, 그리고 영혼의 모든 원수를 물리친다. 세상의 모든 믿음? 아니다. 우리에게 필요한 것은 오직 겨자씨만한 믿음일 뿐이다. 다만 그것이 하나님의 믿음이라면 말이다. 그러면 산이 움직일 것이요 죄와 병으로 상한 영혼이 주님의 영광을 보게 될 것이다. 그러기 위해서는 믿음이 하나님의 믿음이라야 한다. 믿음이 하나님에게서 온 것이라야 한다. 하나님께서 나누어 주셔야 한다. 물론 하나님은 나눠 주신다. 이것이 내가 믿는 은혜의 복음이다.

예수가 없는 여리고 길은 메마르고 황량한 길이다. 하지만 예수와 함께라면 그 길은 환한 은혜의 대로가 된다. 예수가 없으면 그 길은 더럽고 먼지나는길, 눈물의 길, 어둠의 길이 된다. 그러나 예수와 함께라면 그 길은 변하여 영광의 꽃이 되고, 눈물이 변하여 진주가 되며 어둠은 변하여 빛이 된다. 물론 여리고 길을 치유의 대로로 바꾸기 위해서는 예수가 계셔야만 한다.

맹인 바디매오는 길가에 앉아서 마음 속으로 "나는 치유받았다. 나는 치유받았다. 치유받을 걸 믿기만 하면 나는 치유함을 받는다"고 말하지 않았다. 그렇다! 바디매오는 나사렛 예수님께서 지나 가신다는 말을 듣고 "예수여, 예수여, 나를 도우소서. 나를 불쌍히 여기소서. 나는 아무것도 할 수 없습니다"고 외쳤다. 그때 예수님께서는 "네게 무엇을 하여주기를 원하느냐?"고 물으셨다. 주목해야 할 것은 예수님께서 바디매오에게 "네가 무엇을 해야 한다"고 말씀하신 것이 아니라 "내가 네게 무엇을 하여주기를 원하느냐"고 물으셨다는 것이다.

물론 예수님께서 바디매오에게 "가라. 네 믿음이 너를 구원하였다"고 말씀하신 것은 사실이다. 그러나 바디매오가 자기를 치유한 믿음을 어디에서 얻었을까? 그것이 만약 그의 믿음 이었다면 왜 그는 예수님께서 그 길로 지나가시기 전에 치유받지 못했던 것일까? 당신이 내게 시계를 준다면 그건 내 시계가 된다. 그러나 그 시계는 내가 당신에게서 얻은 것이다. 이 글을 쓰고 있는 나에게는 믿음이 있다. 그러나 난 그 믿음이 어디에서 왔는지 알고있다. 그것은 긍정에서 온 것도 아니고, 의지로부터 온 것도 아니고, 신념으로부터 온 것도 아니고, 지적 훈련을 통해서 온 것도 아니다. 내 믿음은 예수에게서 왔다. 예수야말로 내 믿음의 주요 또 온전케 하시는 분이시다. 친구여, 믿음을 얻기 위해 예수께 나아가는 법을 배우면 믿음의 능력이 당신 삶 속에서 나타나 사람들은 물론 천사들까지도 놀라게 될 것이다. 그러나 전투가 끝나고 승리를 거두었을 때 "내 믿음으로 내가 이룬 일을 보라"고 자기 의를 말하지 말라. 오히려 십자가 밑에 무릎을 꿇고 "내 주님의 믿음이 나를 통해 은혜로 나타나셨으니 이 얼마나 놀라운가" 하고 말하라.

5

주님의 일을 행할 힘

The Real Faith For
Healing

내가 이 책을 쓴 까닭은 당신 삶의 모든 필요를 채우려면 예수를 신뢰함이 불가피하다는 사실을 진심으로 보여주고 싶었기 때문이다. 기독교인들은 때때로 자기를 낮추고 위를 바라보면서 하나님의 은혜 안에서 자신의 참된 위치가 어디인가를 배울 필요가 있다. 승리가 거듭되면 자기 의가 나타날 가능성이 높다. 하나님의 능력과 은혜로써 승리를 얻고 힘을 공급받는 가운데, 우리는 이따금 자기가 난공불락의 존재가 되어있다고 느낄 때가 있다.

치유을 위한 참 믿음

그렇게 되면 곧 교만과 자기 의가 그 추한 머리를 내밀기 시작한다. 자기 자신과 자기 위치에 대한 오해가 일어나면서 자기가 자기에게 위험물이 되고 만다. "선 줄로 생각하는 자는 넘어질까 조심하라^{고전 10:12}"

우리 인간이 누릴 수 있는 능력의 원천은 오직 그리스도이시다. 천성으로 향하는 우리의 나그네 길에서 죄와 자기 자신을 이길 수 있는 것은, 그리스도와 가까이 만날 필요성과 그 만남이 가져오는 무한한 가능성을 깨닫는데서 온다. 그 만남이 없어지면 승리의 삶의 가능성이나 소망을 모두 잃고 만다. 모든 일을 예수께 의지하라. 그러면 예수는 자기를 의지하는 자에게 무엇이든 값없이 주신다. 예수님께서 주시는 모든 것을 우리가 누릴 수 있느냐의 여부는 예수의 능력을 의지하는 법을 얼마나 배우느냐에 달려 있다.

하나님께서 믿음의 조상 아브라함을 대하시면서 그에게 보이신 엄청난 계시에 관해 읽어보라. 창세기 17:1에는 인간이 경외해야 할, 그리고 천사들도 놀랄만한 힘있고 아름다운 선언이 있다. 하나님은 아브라함의 믿음을 시험하고 계셨다. 하나님은 족장 아브라함에게 그로부터 하늘의 별처럼 많은 후손이 나오고 큰 나라가 일어날 것을, 그리고 이 땅의 모든 민족들이 그의 씨로 말미암아 복을 받게 될 것을 약속하셨다.

늙은 아브라함은 수없이 많은 밤을 그 약속이 성취될 행복한 날만을 꿈꿔왔다. 여러 해가 지났다. 길고도 지루하게 느껴지는 세월이. 하지만 약속하신 자손은 아직 태어나지 않았다. 아브라함의 나이 벌써 아흔이 되었고 또다시 아흔다섯이 되었건만 그와 사라의 기다림은 아직 기약이 없었고 어느덧 아흔아홉이 되었는데도 아직 아들이 없었다. 이성이 그의 귀에 두려운 말들을 소근거렸다. 늙어서 힘없는 그의 다리를 지탱해주는 땅조차 흔들리는 것 같았다. 이제까지 혼자가 아니라 주님 안에서 걸어온 그의 삶은 완전했다. 그러나 이제는 고통과 의심이 그의 친구가 되었다. 이성이 소근거렸다. "이 바보야, 네가 아들을 갖는건 불가능해." 아브라함은 사라의 나이를 생각했다. 사라는 벌써 아흔살이 다 되었다. 자녀를 낳을 수 있는 나이를 훨씬 넘긴 것이다. 어떻게 이런 일이 일어날 수 있을까? 하지만, 하지만 하나님의 약속이 있었다. 길고도 격렬한 갈등이 늙은 아브라함의 마음과 생각을 지배했었다. 그러나 이제 그는 결코 의심하지 않을 것이다. 하나님 그분 자신이 약속하셨다는 것을….

:: 엘 샤다이 ::

어느날 밤, 한 친숙한 목소리가 아브라함의 마음 속에 들려왔다. 수년 전에 그가 들었던 그 놀라운 목소리를 다시 듣고 아브라함의 가슴은 마구 뛰었다. 그는 거의 기절할 것같았다. "나는 전능한 하나님이라. 너는 내 앞에서 행하여 완전하라." 히브리어로 '전능한 하나님'은 '엘 샤다이'이다. 엘 샤다이의 뜻은 무엇일까?

기본적으로 엘은 하나님을, 샤다이는 전능을 의미한다. 엘 샤다이는 주님으로, 자신을 자기 백성의 힘주시는 자요 만족케 하시는 자로 나타내시는 하나님의 이름이다. 아브라함은 약할지 모르나 하나님은 강하시다. 인간은 상황의 힘이나 악한 세력의 영향을 받을지 모르나 하나님은 결코 그런 법이 없다. 하나님은 강하신 분이다. 하지만 그 사실이 우리에게 무슨 유익이 되는가? 우리는 너무 약한데 하나님은 강하다고 생각해보라. 우리가 약하고 고통받고 실패한 자로서 주저앉아 하나님의 능력을 바라보면 그것은 우리의 참담한 상황을 더욱 악화시킬 뿐이다. 하나님은 강하시다. 그것은 의심의 여지가 없다. 그렇다면 우리의 연약함과 궁핍함은 어떻게 되나? 하나님이 나타나셔서 "나는 엘 샤다이다" 하고 말씀하신 것은 바로 아브라함이 그런 상황 가운데 있을 때였다.

'샤드'는 히브리어로 '가슴'을 뜻한다. 이 단어는 구약 전체에서 일관되게 여자의 가슴을 뜻하는 말로 쓰였다. 그곳은 아이에게 힘을 주는 음식을 얻는 곳이다. 어머니의 생명이 아이에게로 흘러들어간다. 어머니의 힘과 사랑과 관심과 배려가 어머니에게서 와서, 언제까지나 어머니의 일부인 어린 아기의 생명과 몸속으로 흘러들어간다. 이와 마찬가지로 영원하신 하나님께서 무한한 진리를 회화적인 언어로 포장 하셔서 아브라함에게, 그리고 당신과 나에게 선물로 주신 것이다.

하나님께서 하신 말씀의 뜻은 이렇다.

"아브라함아, 네게 필요한 모든 힘과 양식을 내게서 얻어라. 나는 강한 자요 먹이는 자요 생명을 주는 자이다. 아기가 어미의 가슴으로부터 생명의 젖을 얻듯 내 능력의 샘으로부터 양식을 얻어라. 아브라함아, 불신앙으로 실족하여 넘어지지 말고 내 앞에서 행하여 완전하여라."

이것이 교훈이다. 하나님은 우리에게 필요한 모든것,
곧 우리의 모든 죄를 덮는 은혜와
우리의 모든 불의를 사하시는 사랑과
우리의 모든 치유에 충분한 채찍과
우리의 모든 약함을 위한 능력의 무한한 공급자이시다.

우리는 그것을 믿지만 그러나 여기에서 우리는 또한 실패했다. 우리는 하나님이 주신다는 것은 믿지만 어떻게 받는지는 배우지 못했다. 어머니가 아이에게 젖을 주면 아이는 받아 먹어야 한다. 하나님의 능력과 본성이 우리에게 주입되느냐 여부는 다음 두가지에 달려있다. 하나님이 기꺼이 주신다는 것을 아는 지식, 그리고 받는 법 배우기가 그것이다. 파종과 추수의 법칙이 절대불변인 것과 마찬가지로 우리가 하나님의 공급을 받을 준비만 되어 있다면 하나님은 언제나 우리의 모든 필요를 기꺼이 채워주신다는 것 또한 위대한 진리이다.

그의 이름을 찬양하라. 그의 이름은 여전히 엘 샤다이이시다. 베드로는 우리에게 "신의 성품에 참예하는 자"가

될 것을 권고하였고 그리스도께서도 친히 "내 은혜가 네게 족하다"고 말씀하셨다. 아브라함의 모든 욕구를 충분히 채우실만한 능력자이셨던 하나님은 지금도 여전히 우리의 필요한 모든 것을 매순간 그분으로부터 얻는 법을 배우기를 간절히 바라고 계신다.

:: **누구인가?** ::

엘리야는 패배자로서, 영적인 수치를 당한 자로서 앉아 있다. 그는 포기했다. 사자의 마음을 가진 그가 아합의 아내와 싸운 영적 전투에서 패배한 것이다. 그것도 군대 전체와 맞서 싸웠던 직후에 말이다. 바로 그때에 그에게 무슨 일이 일어났다.

그는 먹을 것도 없이 사십일 동안 주 야로 걸어 마침내 하나님의 산 호렙에 이르렀다. 그는 누구의 힘으로 갈 수 있었을까? 다윗의 마음과 팔에 힘을 불어넣어 거인 골리앗을 쓰러뜨릴 수 있게 한 것은 누구의 도움 때문이었을까? 여리고 성벽을 무너뜨린 것은 누구였을까? 웅덩이로부터 보좌에 이르기까지 요셉과 함께 하셨던 분은 누구였을까? 누가 이스라엘을 애굽으로부터 구원하였을까? 누가 그들을 약속의 땅으로 인도하였을까? 누가 베드로의 갇혔던 옥문을 열었을까? 누가 스데반으로 하여금 살인자들을 위해 기도하며 우아하게 죽을 수 있게 했을까? 누가 마르다의 눈물을 닦아주고 마리아의 상한 심령에 기름을 부었을까?

십자가 밑에 무릎 꿇은 우리의 죄많은 영혼을 구원하신 분은 누구인가? 우리의 어두운 밤을 환한 낮으로 바꾸신 분은 누구인가? 지금 이 순간에도 우리 곁에 계셔서 기꺼이 은혜와 영광을 주시는 분은 누구인가? 약한 우리에게 힘을 주시며 병든 우리를 고쳐주시며 시험에 빠진 우리를 도우시며 갇힌 우리를 자유케 하시며 우리의 모든 필요를 채우는 충분한 은혜를 가지신 분은 누구인가?

그분은 다름아닌 예수 그리스도이신 것이다.

엘 샤다이는 지금도 우리 마음을 향해 말씀하고 계시며 그러한 진리에 관해 우리는 여전히 "주님의 일 행할 힘 주님께서 다 주시네" 하고 노래할 수 있다. 주님의 생명을 의지하라. 주님께서 값없이, 기쁘게 나눠주시는 은혜를 받으라. 주님은 우리의 요구를 넉넉히 채우시며, 우리 홀로는 할 수 없으나 그리스도 안에서 하나님과 동행할때 우리는 완전해질 수 있다. 이 말은 조금도 틀림이 없다.

나는 영광스럽게도 주님의 부르심을 받아 온 땅을 다니며 주님의 복음을 전해왔다. 내 삶의 가장 큰 기쁨은 주님께서 인도하시는대로, 그리고 힘주시는대로 영혼을 얻는 일이다. 전도 집회가 때로는 8주에서 10주까지 계속되기도 했으며 그러한 날은 몸이 파김치가 되는 일도 많았다. 어느날 밤에는 장막 모퉁이의 한 사무실에 앉아 있었는데 너무 지쳐서 인내심이 거의 바닥에 이르렀었다. 밖의 회중석에서 큰 무리가 모여 예배가 시작되기를 기다리고 있는 동안 얇은 판자를 통해 기도하는 사람들의 중얼거리는 소리가 들렸다. 그때 문이 열리며 어떤 목사가 말했다. "프라이스 형제. 주님의 이름으로 안수받고 치유받기를 원하는 사람이 오백 명 가량 됩니다."

오백 명이라. 그런데 나는 설교할 힘조차 없었다. 주님의 이름으로 만나야 할 그 큰 회중이 밖에 있는데도 말이다. 내 마음 속에서 순간적으로 도망치고 싶은 충동이 일어났다. 병자들을 그냥 돌려보내고 다른 날 다시 오라고 말할까도 생각했다. 벽의 터진 틈으로 밖을 내다보았더니 나같은 부족한 인간으로부터 예수에 관한 말씀을 들으려고 기다리고 있는 불쌍한 사람들이 보였다. 갑자기 내 모든 신경이 갈갈이 찢기는 것을 느꼈다. 나는 무릎을 꿇고 울었다. "오, 예수여." 나는 울부짖었다. "난 할 수 없습니다. 내게는 힘이 없습니다. 난 너무 지쳤고 피곤합니다. 주님, 마음은 있으나 이 일을 감당할 힘은 없습니다."

바로 그때 내 마음 깊은 곳에서 고요하고 작은 목소리가 들려왔다. "네게는 힘이 없지… 왜 내 것을 쓰지 않느냐?" 그 순간 나는 생각했다. 이게 현실일까? 왜 아니겠는가? 주님께서 옛적에 백성에게 자기 힘을 주신 적이 있지 않은가? 지금이라고 왜 아니겠는가? "주님, 감사합니다." 나는 그렇게 말하고 주님께서 하실 일을 기다렸다. 그때 따뜻한 빛이 내 몸속으로 흘러 들어오는 것을 느꼈다. 나는 강단으로 걸어나갔다. 나는 종종 원고를 보고 설교했으나 그 날은 그러지 않았다. 지치거나 피곤한 것도 몰랐다. 오직 주님의 능력만을 깨달을 뿐이었다.

나는 믿음으로 병자들을 향해 그날 밤에 모두 고침을 받을 것이라고 선언했다. 자정이 가까와지도록 내 부족한 손을 주 예수의 이름으로 병자들의 머리에 얹었다. 주님의 능력이 나타나 그들을 고쳤다. 주님께서 친히 나타나셨던 것이다. 모든 것이 끝났고 나는 집으로 돌아갔다. 돌아가려할 즈음에 다시 피로가 몰려옴을 느꼈다. 하지만 그런 와중에도 나는 무릎을 꿇고 주님께서 그날 밤에 행하신 일에 감사 드리기를 잊지 않았다. 그분은 여전히 엘샤다이이셨다. 나는 하나님께서 자신의 힘을 나누어 주심으로서 약한 나를 능력으로 채우셨음을 알았다. 하나님은 당신과 나의 연약함도 능력으로 바꾸실 것이다. 하나님은 당신의 모든 요구를 채우실 것이며 의롭게 행하는 자에게 아낌없이 선을 베푸실 것이다.

주님께서 주시는 힘을 받기 위해서는 한가지 중요한 전제조건이 있는데 그것은 우리가 그 힘이 필요하다는 느낌을 갖는 것이다. 주님을 의지함은 인격적 신뢰이며, 주님의 공로에 힘입어 주님께 나아갈 때 주님은 우리에게 믿음을 주신다. 우리는 주님을 쳐다 보지도 않고 주님을 바라본다. 주님을 따르더라도 아주 멀리서 따르는 사람이 많다. 그들은 주님을 멀리서 쳐다 보기만 할 뿐 가까이 나아와 바라보지 않는다. 그들은 신앙의 이론을 분석하기 바쁘고 교리를 놓고 씨름하며 해석 문제로 다투면서 뒤에 처져서는 주님의 존재의 그 감미로움을 놓치고 만다.

:: 어떤 사람이 될 것인가? ::

삶의 필요들을 위해 예수께 의지하는 비결을 배웠는가? 주님 안에 거하는 감미로움을 발견했는가? 무슨 말을 하더라도 결국 당신은 비참한 실패자일 뿐이라는 것을 깨달았는가? 당신에게 큰 문제가 있다는 것, 그리고 그것을 해결할 힘은 없다는 것을 의식할 수 있는 자리에 와있는가? 성전에 나아와 자기 의를 강하게 느끼고 자기 행위를 두고 교만했던 바리새인의 입장에 서기보다 세리의 입장에 서고 싶지 않은가? 우리가 낮아질 때 비로소 그리스도가 높아진다. 우리가 낮아진다 함은 곧 자아를 낮추고 자존심을 낮추고 자신감을 낮추는 것을 의미한다.

그리스도는 교리에서만 그런 것이 아니라 흘러가는 세월의 모든 날, 모든 순간의 실제 삶과 현실에서 우리의 모든 것의 모든 것이 되실 수 있다. 그리스도는 자신이 그리스도임을 증명해 보일 기회를 달라고 우리를 초청 하신다. 그리스도는 자신을 시험해 보라고 우리를 부르신다.

넘쳐흐를만큼 풍성히 가질 수 있는데 왜 그냥 빈 손으로 있는가? 배불리 먹을 수 있는데 왜 굶주린채 있는가? 어찌하여 황량한 사막 한가운데에 버림받은 아이처럼, 앞으로 가야할 길을 모른다고 울면서 헤메이고 있는가? 왜 그리스도의 손에 당신 손을 맡기고 "나를 따르라. 내가 너를 집으로 인도하리라"고 말씀하시는 거룩하신 그분의 속삭임에 귀를 기울이지 않는가?

그럴 때 꿈 속에서만 생각했던 일들이 그리스도 안에서 현실이 된다. 사막이 변하여 꽃길이 되고 폭풍우는 변하여 부드러운 속삭임이 되며 육신의 귀로는 누구도 들을 수 없는 하늘의 음악을, 그리고 믿음의 마음으로는 그분의 음성을 들을 수 있게 된다. 험준한 산들은, 하늘과 땅에서 권세와 능력을 가지신 엘 샤다이를 만나는 변화산으로 가는 첩경으로 바뀐다.

언젠가 집회 중에 한 노부인이 이 책으로 펴낸 것과 같은 내용의 설교 말씀을 듣고 있었다. 그 부인은 중환자였다. 수도 없이 안수를 많이 받았지만 번번이 허사였다. 집회가 끝날 무렵, 부인은 차분히 앉아 있었으나 얼굴 표정에서 무언가 갈등을 겪고 있다는 것을 읽을 수 있었다. 갑

자기 부인이 깍지 낀 손으로 간절히 기도하는 가운데 이렇게 말하는 것이었다. "오 예수여. 너무 오랫동안 보잘것없는 제 믿음으로 해보려고 했습니다. 이제 주님의 믿음을 주옵소서." 예수님께서 그 믿음을 주셨다. 한 순간에 하나님의 치유의 숨에 의해 부인의 병이 흩어져버렸다.

기독교인의 승리 비결은 바로 여기에 있다. 그것이 바로 이김의 비결이다. 당신의 짐을 예수의 발 아래 내려놓으라. 거기 내려놓고 낡은 옷을 입듯 다시는 그것을 걸치지 말아라. 그것이 바로 "충만하신 하나님"의 메시지이다. 누구를 위한 충만인가? 물론 당신을 위해서다. 언제를 위한 충만인가? 물론 지금을 위해서, 그리고 당신의 여생의 모든 날들을 위해서다. 그것이 바로 엘 샤다이의 섭리하심이며 영광이다.

나의 갈길 다가도록 예수 인도 하시니
내주안에 있는 긍휼 어찌 의심하리요
믿음으로 사는 자는 하늘 위로 받겠네
무슨 일을 만나든지 만사 형통 하리라

나의 갈 길 다가도록 예수 인도하시니
어려운 일 당한 때도 족한 은혜 주시네
나는 심히 고단하고 영혼 매우 갈하나
나의 앞에 반석에서 샘물나게 하시네

나의 갈길 다가도록 예수 인도 하시니
그의 사랑 어찌큰지 말로 할 수 없도다
성령감화 받은 영혼 하늘나라 갈때에
영영 부를 나의 찬송 예수 인도 하셨네

6

산을 옮길만한 믿음

The Real Faith For

Healing

어느 날 예수와 제자들이 예루살렘을 향해 베다니 길을 걷고 있었다. 예수님께서는 매우 시장하셨다. 그때 산허리에 무화과 나무 한 그루가 서 있는것이 보였다. 그들은 그 나무로 다가가 무화과가 달려 있는지 찾아보았다. 잎사귀만 있고 열매는 없었다. 무화과 없는 무화과 나무였다. 그러자 주님은 그 나무를 저주하여 앞으로 그 누구도 그 열매를 먹지 못할 것이라고 선언하셨다. 그 나무에는 결코 열매가 맺히지 않을 것이라는 말씀이었다. 예수님께서는 왜 그렇게 하셨을까? 예수는 이미 그 나무에 다가가지 않고도 나무에 무화과가 없는 것을 알고 계셨다. 아직 볼 수 없는 거리에 있던 나다나엘이 무화과 나무 아래에 있는 것을 보신 예수시라면 무화과 나무에 열매가 맺혀있는지 아닌지를 분명히 아셨을 것이다.

예수는 어떤 일이라도 목적 없이 행하시지 않는다. 예수의 모든 말씀과 행위에는 반드시 동기가 있다. 그러므로 이 사건에도 분명 의미가 있는 것이다. 함께 있던 제자들에게 들려 주시고자 했던 교훈이 있었다. 가르치실 내용이 없었다면 그 사건도 일어나지 않았을 것이다. 또한 우리를 위해 남기시고자 했던 교훈도 거기에는 있다. 그렇지 않았다면 그 이야기가 성경 안의 귀중한 공간을 차지하지 않았을 것이다. 교훈은 무엇이며 왜 그것을 가르치셨을까?

주님께서는 제자들과 함께 길을 더 가셔서 예루살렘으로 들어가셨다. 예수는 상업주의로 아버지의 집을 더럽히고 있던 상인들을 성전에서 쫓아내셨다. 이튿날 예수와 제자들은 다시 베다니 길로 돌아가고 있었다. 베드로가 무화과 나무를 보았다. 나무는 죽어서 시들어 있었다. 그가 놀라서 외쳤다. "랍비여, 보소서. 저주하신 무화과나무가 말랐나이다."

그때 하신 예수의 대답은 베드로에게뿐 아니라 제자들 모두에게, 그리고 우리들에게도 하신 대답이다. 무화과나무를 저주하신 까닭이 무엇인가 하면 그것은 하나님을, 그리고 우리와 관련하여 하나님의 행하시는 일을 제자들과 우리가 더 잘 깨닫도록 하기 위함 이었다. "예수님께서 대답하여 저희에게 이르시되 하나님을 믿으라^{막 11:22}"

이제 내가 가지고 있는 희랍어 신약성경에 나타나는 대로 그 말을 살펴보고자 한다. 다들 알겠지만 희랍어의 구문은 영어 구문과는 다르다. 희랍어 원문을 글자 그대로 옮겨보겠다. "그리고 대답하시며, 예수님께서 그들에게 말씀하셨다. '하나님의 믿음을 가지라.'" 그런 후 주님께서는 제자들에게 부연하시기를 그런 믿음이 있으면 무화과 나무를 마르게 하는 것 뿐 아니라 산을 들어 바다에 던지게 할 수도 있다고 하셨다. 그것은 하나님의 믿음이 가져다 주는 초월적 능력에 대한 가르침이었다. 그것은 실로 산을 옮길만한 믿음이다.

능력의 일을 행하는 조건 중 하나는, 마가 11:22-26의 기록을 보면 알 수 있겠지만, 기적이 일어난다는 데 대해 마음에 한 점 의심도 없어야 한다는 것이다. 당신이 바라고 기도하는 일이 그대로 일어난다는 확신외에 아무것도 없어야 한다. 그런 조건만 맞으면 그 어떤 종류든 기적은 일어난다. 그 기적의 뒤에는 하나님의 말씀이 있고 그 말씀 뒤에는 하나님의 능력, 곧 말씀으로 모든 것을 존재하게 하신 바로 그 능력이 있기 때문이다.

거의 모든 성경 번역본은 마가 11:22를 "하나님을 믿으라"고 번역하고 있으며 우리는 그것을 우리가 산을 옮기시는 하나님의 능력에 대한 확신을 가져야 한다는 것으로 해석한다. 그래서 우리는 스스로 이렇게 말한다. "하나님을 믿는 믿음이 충분하면, 그리고 내 마음에 조금도 의심이 없이 확실히 믿기만 하면 하나님이 산을 옮기실 것이다."

:: **불가능한 일** ::

그렇다면 그것은 불가능한 일이다. 설사 백년 동안 애쓴다고 해도 그런 믿음은 생겨나지 않는다. 하나님을 향한 우리의 신념을 가지고 믿음이라고 부르는 것은 얼마나 잘못된 일인가. 수많은 사람들이 치유하시는 하나님의 능력에 대한 신념과 승리를 가져다 주시는 하나님의 믿음을 구별하지 못하여, 치유를 믿기 위한 부질없는 수고를 해왔다. 하나님을 향한 인간의 신념과 하나님께서 주시는 믿음 사이에는 엄청난 차이가 있다. 그런 믿음은 수고의 자녀도 아니며 노력으로 얻어지는 것도 아니다.

믿음이 하나님의 믿음이라면 그것은 하나님에게서 얻는 것이지 우리의 정신적 태도나 신념으로 얻는 것이 아니다. 예수님께서는 "너희에게 하나님이 산을 옮기실 것을 믿을만한 능력이 있으면 하나님께서 그대로 하실 것이다"라고 말씀하시지 않았다. 또 "이루어질 것을 충분히 믿으면 이루어질 것이다"라고 말씀하시지도 않았다. 예수는 "하나님의 믿음을 가져라"고 말씀하셨다. 달리 말해서 겨자씨 만한 하나님의 믿음만 있어도 산을 들어 바다로 옮길만한 능력을 가지게 된다는 것이다.

물론 예수님께서 말씀 뒷부분에 마음으로 믿고 의심치 않는 것에 대해 말씀하신 것을 안다. 그러나 둘째 부분은 첫째 부분 없이는 불가능하다. 하나님의 믿음이 없다면 의심 없이 믿는 것은 있을 수 없다. 인간의 마음에서 모든 염려와 두려움과 의심을 없애려면 반드시 하나님의 믿음이 있어야 한다.

여러 해 동안 수많은 병자들을 돌보면서 나는 치유 자체보다 치유자 하나님을 찾는 것이 훨씬 더 중요하다는 것을 배웠다. 치유자 하나님이 계신 곳에는 영혼의 피난처가 있다. 세상과 세상의 방법을 버리고 스스로를 비우면 오직 하나님만이 주실 수 있는 것을 받기 위한 공간을 확보할 수 있다. 복되신 우리 주님께서는 제자들에게 산을 옮길 믿음에 대해 말씀하시고 나서 누구든 악 감정을 준 사람을 용서하라고 말씀하셨다. 하나님은 악을 품고 있거나 용서하지 않는 사람에게는 믿음을 주실 수 없고, 주시지도 않는다.

내 말의 뜻은 하나님께서 은혜로 믿음을 주시기에 앞서 먼저 우리의 삶과 행위의 완전을 요구 하신다는 것이 아니라 우리에게 복을 나누어주시기 전에 우리가 갖추어야 할 무언가가 있을 수 있다는 것이다. 무한하고 영원한 사랑의 하나님은 자기 자녀의 마음 속에 악이 깃들기를 원치 않으신다. 너무나도 큰 죄의 용서함을 받은 우리가 우리에게 죄를 지은 사람을, 그리고 어쩌면 죄를 지었는지조차 모르고 있는 사람을 어떻게 용서하지 않을 수 있단 말인가?

주님의 뜻은 분명하다. 믿음, 곧 하나님의 믿음을 받으려면 우리에게 죄를 지은 사람을 다 용서해야 한다. 한 영혼이 자기의 무력함을 깨닫고 하나님을 찾아 부르짖을 때 그의 항복하는 마음으로 하나님의 믿음이 들어오며 동시에 하나님의 믿음이 생겼다는 의식이 들어온다.

:: 한 여자 이야기 ::

몇년 전 치유가 필요한 한 여자가 우리 집회에 참석한 적이 있었다. 그녀는 고상한 성격의 사람으로 보였으며 가족들의 헌신적이고 극진한 사랑을 받고 있었다. 어느날 밤 우리는 주 예수의 이름으로 그녀를 위해 기도했고, 그녀는 겉으로 보기에는 행복한 표정으로 돌아갔다. 그녀는 자기가 하나님의 약속 위에 굳게 서 있다고 말했으나 치유함을 받지는 못했다. 몇날이 지나서 그녀의 두 딸이 나를 찾아와서는 한 번만 더 기도를 해달라고 부탁했다. 두

딸은 불안과 좌절감으로 거의 히스테리 상태에 있었다. 딸들은 어머니를 사랑했고 하나님만이 어머니의 유일한 소망이란 걸 알고 있었다. 딸들은 엄마를 위해 한 번 더 안수해 달라고 간청했다. 나는 요구대로 해주었다.

그녀의 딸들이 은혜의 보좌로 달려나와 뜨겁고도 간절하게, 그리고 필사적으로 부르짖으며 매달렸던 장면이 아직도 기억난다. 그녀들은 믿으려고 무진 애를 썼지만 모든게 허사인 것처럼 보였다. 그 가련한 병자는 우리가 "예수, 모든 결박 푸시네"를 노래하자 눈물을 훔치며 우리의 기도에 대해 어떤 명백한 응답은 받지 못한 가운데 집회장을 떠나갔다. 이틀이 지났다. 집회가 시작되기 전에 그 여자가 내 사무실을 찾아왔다. 거기에는 완전히 다른 여자가 있었다! 여자의 얼굴은 내적인 빛으로 빛나고 있었다.

"치유 받으셨군요!" 내가 말했다.

여자가 웃으며 말했다. "아니예요, 아직은 아니예요. 하지만 오늘 밤엔 치유 받을거예요. 내가 공개적으로 기도를 했으니까 오늘 밤 집회에서 주님께서 권능으로 날 만져 주셔서 모든 사람이 다 하나님의 신실하심을 볼 수 있도록 하실 걸 믿어요." 이제 여자에게서 긴장 같은 건 찾아볼 수 없었다. 주님 안에서 부드럽고 아름다운 평안만 있을 뿐이었다. 여자가 내게 들려준 이야기는 이랬다.

그녀는 이전 집회 때 거의 절망하며 집으로 돌아갔었다. 그녀는 이제 자기가 막다른 골목에 이르렀다는 것을 알았다. 그녀는 침대 옆에 무릎꿇고 기도하며 흐느꼈다. "사랑하시는 예수님, 저는 믿으려고 무진 애를 썼지만 할 수 없었어요. 주님, 나는 실패했지만 그래도 주님의 약속과 말씀을 믿어요. 프라이스 형제도 날 위해 애썼지만 그도 실패했어요. 집회에 참석한 사람들도 함께 애썼지만 그들 역시 실패했어요. 난 어디로 가야 할까요? 난 무엇을 해야 할까요? 주님, 말해주세요. 내 유일한 소망은 주님께 있습니다."

바로 그때 교회의 청년부 교사로서 자기 후임으로 온 한 여자가 머리에 떠올랐다. 예전에는 자기에게 호의와 애정을 쏟아부었던 청년들의 마음을 빼앗아가버린 그 여자를 향해 어떤 감정이 마음 속 깊이에서 자라 있었다. 그 감정이 질투였을까? 시기였을까? 그녀는 알지 못했다. 하지만 지난 몇 달 동안 그 감정이 점점 커져 있음을 깨달았다. 그 일에 대한 생각이 마음에 가득 채워지면서 자기 마음의 참된 상태가 어떠한가가 그녀에게 보였다. 아마 주님께서 "서서 기도할 때에, 용서하라"고 하신 말씀이 들렸던 것같다.

이튿날 그녀는 자기 후임으로 온 여자와 한 시간 동안 같이 기도했다. 그러자 하나님께서 그 여자를 향한 강한 사랑의 마음을 넣어주셨다. 상처는 치유되었고 질투는 녹아져 내렸으며 그 자리에 예수의 사랑이 흘러들어왔다. 그녀는 집으로 돌아와서 그날 밤 자기가 치유받을 것이라고 식구들에게 이야기했다. 그녀가 치유 받을것 이라는 사실을 알기는 했지만 어떻게 해서 알게 됐는지는 본인도 알 수 없었다. 어쨌든 그 사실에 대한 지식은 생명 자체만큼이나 분명했다. 어떤 의심도 있을 수 없었다. 이제는 어떤 중보도 없었다. 그것은 옛적 일이었다. 몸부림치고 매달리는 일도 없었다. 이루어졌으나 아직 이뤄지지 않았다. 그것이 바로 참 믿음의 역설이다.

그녀가 내게 말했다. "형제님, 예수님께서 무슨 일을 하셨는지 아세요?"

"나의 주님께서는 무슨 일이든 다 하시지요." 내가 대

치유을 위한 참 믿음

답했다.

"주님은 내게 주님의 믿음을 주셨어요." 그녀가 말했다. "솔직히 말씀드려서 난 그 믿음을 어느 순간에 받았는지는 모르겠어요. 하지만, 오 찬양 받으실 주님, 그 믿음이 지금 제게 있는건 알아요."

그랬다. 그날 밤 치유의 하나님께서 당신의 그 가련한 자녀의 병들고 지친 몸을 어루만져주셨다. 그날 밤 주님의 어루만지심으로 암은 녹아버렸다. 영광의 주님께서 몸소 병든 여자에게 나누어주신 하나님의 믿음으로 말미암아 산이 옮겨진 것이다.

:: 치유가 아니라 치유자를 구하라 ::

우리의 문제는 치유자가 아닌 치유를 구한다는 데 있다. 빛을 구하면서 태양을 멀리한다면 무슨 소용이 있겠는가? 혈루병 앓는 여자는 정신적인 노력으로 치유받으려 애쓰지 않았다. 그는 단지 예수의 몸에 손을 대기를 원했다. 맹인 바디매오가 한 일은 목이 터지도록 군중의 소란함을 뚫고 자기의 무력함을 큰 소리로 인정하고, 나사렛 예수의 사랑과 능력과 자비에 대한 믿음을 외친 것 뿐이었다. 물론 우리의 복되신 주님께서 "네 믿음이 너를 구원"했다고 말씀하신 것은 사실이지만 그가 가진 믿음은 주님께서 친히 그에게 주신 것 이었다고 나는 확신한다.

먼지 날리는 길을 몇 걸음 걷고도 치유에 필요한 충분한 믿음을 일으킬 수 있을까? 옛날 믿음의 원천은 예수의 존재였으며 오늘날 우리 믿음의 원천도 예수의 존재다. 예수의 말씀대로 "나를 떠나서는 너희가 아무 것도 할 수 없"다.

예수의 참 제자는 로마서 12장을 즐겨 읽는다. 로마서 12장은 구별되고 성별된 기독교인의 삶의 표준에 대한 놀라운 가능성들을 제시한다. 하지만 그것은 육적인 기독교인들은 접하기를 좋아하지 않는 그런 유형의 복음이다. 바울은 기독교인들이 선에서 더 나은 선으로, 그리고 거기에서 또 다시 더 나은 선으로 나아 갈 것을 당부 하고있다. 기독교인들은 이 세상에 순응 해서는 안 되며 마음을 새롭게 함으로써 변화 (문자적 의미로는 변형) 되어야 한다. 새롭게 한다는 뜻의 희랍어는 renovation인데 잔디를 새로 깔 때처럼 옛것을 걷어 버리고 새것으로 덮을 때 쓰

치유을 위한 참 믿음

는 말이다. "하나님의 선하시고 기뻐하시고 온전하신 뜻이 무엇인지롬 12:2"를 입증 하기까지 우리 기독교인의 삶에는 이 새롭게 함이 필수적이다.

그런 일이 있을 때 우리의 태도는 어떠해야 할까? 바울의 글은 이렇게 계속된다. "내게 주신 은혜로 말미암아 너희 각 사람에게 말하노니 마땅히 생각할 그 이상의 생각을 품지 말고 오직 하나님께서 각 사람에게 나눠주신 믿음의 분량대로 지혜롭게 생각하라." 하나님께서 믿음을 주신다. 하나님께서 믿음의 분량을 재신다. 희랍어 신약성경에는 이렇게 되어 있다. "각 사람에게 하나님께서 믿음의 분량을 나누셨다." 웨이머스의 번역에는 이렇게 되어 있다. "하나님께서 각 사람에게 나눠주신 믿음의 양에 따라."

믿음은 영적인 것이어야 함에도 불구하고 정신적으로 믿으려고 애쓰고 수고하는 것이 얼마나 어리석은 일인지 알 수 있겠는가? 참 믿음은 마음에 속한 것이며 오직 하나님만이 마음 속에 믿음을 넣으실 수 있다. 참 믿음은 비이성적인 것도 수용할 수 있다. 즉 이성이 불가능하다고 말하는 것도 믿는다. 참 믿음은 있는 것을 있지 않은 것처럼 여기며 있지 않은 것을 있는 것처럼 여긴다.

믿음은 노아에게 힘을 주어 홍수의 징표가 전혀 없는데도 백년 동안 배를 짓게 했다. 이성(異性)은 터벅터벅 걷는 걸음으로는 성벽 기초를 닳게 해서 무너뜨리는데 백년은 족히 걸릴 것이라고 말하고 있었지만 믿음은 군대를 보내어 여리고 성벽 둘레를 행군하게 했다. 믿음은 한 민족을 끌어내어 깊은, 그리고 도저히 들어갈 수 없는 바닷가에 이르게 했고 모세의 명령에 따라 바다의 문을 열게 했다. 믿음은 사람들로 하여금 아무런 망설임 없이 풀무 불에 들어가게 했으며, 또한 그들을 사자굴 속에서 지켰다. 믿음은 시체를 지키는 죽음을 쫓아내고, 대피했던 생명이 다시 돌아오게 했다. 믿음! 하나님의 믿음! 그것은 믿기 위한 연약하고 하찮은 노력이 아니다. 무한한 능력을 이끌어내기 위한 무모한 수고가 아니다.

찻잔이 대양을 담을 수 있는가? 모래알로 행성을 감쌀 수 있는가? 우리의 보잘 것 없는 이해력으로 전능하신 하나님의 영광을 깨달을 수 있는가? 오직 하나님께서 자신의 신성한 사랑을 값없이 거져 주실 때, 오직 하나님께서 우리에게 그분 자신을 계시하시기로 하실 때에만 우리는 깨달을 수 있다. 그것도 부분적으로만.

  우리의 정신은 하나님을 온전히 이해할 수 있는 능력이 없기 때문이다. 오직 하나님께서 우리를 용서하실 때에만 우리는 구원받을 수 있다. 오직 하나님께서 자신의 능력을 나눠주실 때에만 우리는 믿음의 선한 싸움을 싸울 수 있다. 오직 하나님께서 자신의 사랑을 주실 때에만 우리는 원수들을 사랑할 수 있다. 오직 하나님께서 우리를 들어올리실 때에만 우리가 슬픔과 죄의 세상 위로 들리워질 수 있다. 오직 하나님께서 자기 믿음을, 산을 옮길 수 있는 유일한 그 믿음을 나눠주실 때에만, 우리가 참 믿음을 가질 수 있다. 빈핍한 자여, 당신은 '자아의 길'의 종점에서 당신을 기다리고 계시는 하나님을 발견하게 될 것이다. 믿음의 주요, 온전케 하시는 분이 거기서 당신을 만나려고 기다리고 계신다. 당신의 뒤안길에는 눈물과 슬픔, 고뇌와 절망이 있지만 예수님께서 서 계신 길은 그분의 존재의 빛으로 밝고 찬란하다. 그분의 약속을 믿어라. 그분의 약속을 의지하라. 그분은 모든 선한 것과 완전한 선물을 주시는 분이며 당신에게 필요한 믿음을 아끼지 않고 주시는 분이다.

7
쉬운 길

The Real Faith For

Healing

그리스도께 나아가 그분의 믿음을 받기를 구하는 것이, 당신 자신의 믿음을 일으키려고 애쓰는 것보다 백 배는 쉽다고 나는 믿는다. 물론 주님께 나아와 치유함을 받은 사람들의 믿음에 대해 주님께서 언급하신 사례가 몇몇 있고 때로는 주님께서 그들이 믿음을 가진 것에 대해 칭찬하신 일도 없지 않은 것을 안다. 그러나 내가 묻고자 하는 것은 그들이 믿음을 가졌느냐 아니냐가 아니라 그 믿음이 어디에서 왔느냐는 것이다.

치유을 위한 참 믿음

삼손은 힘이 있었다. 그 힘으로 삼손은 초인적인 능력을 발휘했다. 하지만 삼손의 힘은 어디에서 온 것인가? 삼손은 우리가 영적으로 어떠한 자가 되어야 하는가를 보여준 육적인 본보기였다. "주 안에서와 그 힘의 능력으로 강건하엡 6:10"라 바울은 언제나 자기의 약함을 시인했으면서도 "내게 능력 주시는 자 안에서 내가 모든 것을 할 수 있"다고 선언했다.빌 4:13

제자들이 밤새도록 자기들 힘으로 고기를 잡으려 애썼으나 아무것도 잡지 못했음을 기록한 요한복음 21장의 놀라운 사건 이야기를 기억할 것이다. 그들이 아무것도 잡지 못하고 있을 때 바닷가에 그들에게 묻는 목소리가 있었다. "얘들아, 너희에게 고기가 있느냐?" 그들에게는 아무것도 없었다. 그들에게 물으신 분은 부활하신 주님이었다. 물론 주님은 그들이 밤새도록 수고했으나 아무것도 잡지 못했다는 것을 알고 계셨다. "대답하되 없나이다." 주님은 그들에게 그물을 배 오른편으로 던지라고 말씀하셨다.

그들이 순종하자 그물에 고기가 많아서 건져올릴 수가 없을 정도였다. 주님의 가르침을 따랐을 때 그들은 밤새 수고해서 잡은 것보다 더 많은 고기를 단 1분만에 잡을 수 있었다. 놀라운 이야기이지만 가장 놀랍고 계시적인 부분은 예수의 다음 말씀에 나온다.

관용이 어떤 것이라고 생각 하는가? 관대함과 자비가 어떤 것이라고 생각 하는가? 예수님께서 말씀하셨다. "지금 너희가 잡은 생선을 좀 가져오라" 누가 고기를 잡았는가? 예수는 제자들이 잡았다고 말씀하셨다. 그러나 내가 당신에게 다시 묻는다. "누가 고기를 잡았는가?" 당신이나 나나 누가 고기를 잡았는지 잘 알고 있다. 잡은 사람은 예수였다! 그런데도 예수는 그들이 잡았다고 말씀하셨다. 마찬가지로 예수님께서는 우리의 믿음에 대해, 우리의 사랑에 대해, 그리고 우리의 이런저런 것에 대해 말씀하신다. 마치 예수와 아무런 관계 없이도 우리가 무슨 대단한 존재라도 되는 것처럼, 무엇이든 우리가 가진 것이 예수에게서 온 것이 아닌 것처럼. "만일 하늘에서 주신 바 아니면 사람이 아무 것도 받을 수 없느니라 요 3:27" "네게 있는 것 중에 받지 아니한 것이 무엇이냐? 네가 받았은즉 어찌하여 받지 아니한 것같이 자랑하느냐? 고전 4:7"

:: 완전케 하시는 이 ::

마가복음 5:27-28은 이 위대한 진리의 아름다운 예화를 보여주고 있다. 알렉산더 매클레렌은 이렇게 말한다.

"이 이야기의 주요 부분은 불완전한 믿음의 순수성과 능력, 그리고 그런 믿음에 대해 그리스도께서 반응하시고 힘주시는 모습을 그린 것으로 보인다."

여자를 보라. 여자는 예수님께서 지나가시도록 내버려둔다. 그러다가 여자는 수줍어하며 겁을 내면서 예수의 옷자락을 만질 수 있는 곳까지 군중 속을 헤치고 들어간다. 여자는 예수의 옷에 어떤 특별한 마법이 연결돼 있다고 믿었던 것일까?

손을 댄 뒤에 여자는 군중 가운데서 빠져 나오려 한다. 전체적인 여자의 접근 방식은 우리가 관습적으로 믿음이라고 부르는 것, 즉 산을 옮기고 병자를 치유하는 성경적 믿음을 여자가 소유하지 못했음을 보여주는 증거가 된다. 여자는 예수께 한 마디 말씀도 부탁하지 않았다. 하지만 불행과 무지 속에서 여자는 예수의 옷 자락을 만졌고 곧바로 병고침을 받았다. 능력이 예수의 몸에서 빠져나가 기적을 일으킨 것이다.

이 이야기의 주요 메시지는, 그러한 치유가 인간의 단계적 발전을 통한 완전한 믿음에 달려있는 것이 아니라 믿음의 주요 온전케 하시는 이인 예수, 모든 선과 완전한 선물을 주시는 예수를 만나느냐의 여부에 달려있다는 것이다.

매클레렌 박사의 글을 다시 인용해보자.

"믿음의 능력과 생명력은 신념의 포괄성이나 명료성으로 측정되지는 않는다. 도리어 가장 비옥한 토양에서 시들고 메마른 이삭이 맺힐 수 있다. 반면에 건조하고 토양층이 가장 얇은 사막에서 탐스런 선인장이 꽃을 피울 수 있고, 육질이 풍성한 알로에가 습기를 머금은 가지를 펴서 열기를 견딜 수 있게 할 수 있다. 어느 정도의 무지가 예수 그리스도께 대한 참된 신뢰에 해가 되는지에 대해서는 우리가 말할 처지가 못된다. 하지만 우리의 시야가 얼마나 좁은지, 기독교 세계에 사는 많은 사람들이 얼마나 신학적 진리를 모르고 있는지, 우리들 사이에 얼마나 많은 견해 차이가 있는지, 그리고 우리의 보잘 것 없는 능력으로는 넘을 수도 없고 그 반대편을 건너다 볼 수도 없는 엄청난 장벽이 얼마나 빨리 우리를 가로 막을지를 느끼는 우리로서는, 무지함으로 가려진 믿음이라 할지라도 그것이 그리스도께서 용납하시는 믿음일 될지도 모른다는 것은 참으로 기쁨이 아닐 수 없다."

내가 말하고자 하는 요점이 바로 그것이다. 그리스도는 우리의 결함을 보충해주시고 그리스도는 우리의 욕구를 채워주신다. 예수님께서 변화산에서 내려왔을 때에 절망에 빠진 한 아이의 아비와 무기력한 제자들이 오직 하나님의 아들인 예수의 믿음으로만 할 수 있는 일을 자기들의 믿음으로 해보려고 애쓰고 있는 모습을 보셨다. 그때 그 아이의 아버지는 다음과 같은 말로 대부분의 사람들보다 더 정직함을 보여주었다. "내가 믿나이다. 나의 믿음 없는 것을 도와주소서^{막 9:24}" 귀신을 쫓아내기 위해 몸부림치고, 소리지르고 꾸짖고 애쓰는 저 제자들의 모습은 우리 시대에도 수없이 되풀이 되고 있다. 그러나 예수님께서 모습을 나타내시자 전체 분위기가 얼마나 신속하게, 그리고 아름답게 바뀌고 변화했는지!

격랑이 변하여 고요가 되었고 폭풍이 변하여 평온이 되었다. 예수님께서 상황의 지배자가 되셨고, 그 날 자기 아들을 측은히 여겨 부드럽고 다정한 마음으로 다가오신 그분을 목격한 아이의 아버지는 행복했다.

가장 중요한 본질은 예수와 함께 대화하는 것이다. 그리하여 우리의 헛된 수고를 중단하고 그리고 우리의 몸부림을 멈추며 오직 그 분만이 주실 수 있는 그 믿음으로 우리를 초대하시는 주님을 믿고 의지하는 것이다.

나는 20년 이상 집회를 열어왔는데 병자와 고통당하는 자를 위한 기도 시간이 집회의 중요한 자리를 차지했다. 이 사역을 위해 주님께서 나를 부르셨고 그 부르심에 나는 마음을 다하여 응답 해왔다. 영광과 찬양을 주님께 돌리며 증거 하거니와 나는 우리 주님의 놀라운 치유 능력으로 눈 먼 사람의 눈이 떠지고 지체 장애인과 몸이 마비된 사람들이 휠체어와 침대로부터 일어나고 암과 종양이 녹아내린, 그런 거룩한 능력의 기적들을 보아왔다.

그동안 내가 주목한 것은 그 모든 위대한 치유의 역사들 앞에는 성결의 날들과 기도의 세월이 있었다는 것이다. 무리가 몰려들어 치유함을 구했을 때에는 집회가 어렵고 힘들었다. 하지만 그들이 치유함보다 치유자를 구했을 때, 주님의 임재의 아름다움으로 원수의 권세가 꺾였고 주님의 임재의 빛으로 마음을 휘감고 있던 얼음장같던 감정이 녹아내렸다. 주님의 발 아래로 우리를 이끈 것이 자기연민이나 자기애 일지도 모르지만 일단 와서 마침내 주님을, 오직 주님만을 뵈올 때 우리의 인생관은 변화한다.

:: **가 난 한 자 와 부 한 자** ::

가난한 자는 너무나 좋은 것을 많이 받았고 부한 자는 빈 손으로 돌려보내졌다. 몇년 전 한 장애인이 우리 집회에 나온 적이 있다. 그를 데려온 사람들은 그 장애인이 세상의 모든 믿음을 다 가졌고 주님을 사랑하며 선한 삶과 행위로 유명한 사람이라고 내게 말해주었다. 그럼에도 불구하고 그는 치유받지 못한채 여러 집회를 전전해야 했다. 이유는 한가지 부족한 것이 그에게 있었기 때문인데 그 부족한 것이 무엇인지를 주님께서 마침내 밝혀주셨다.

그를 위해 사람들이 얼마나 열심히 기도했던지! 그가 믿음으로 일어나 걸을 수 있도록 간구하는 사람들의 기도가 이루어지기를 원하여 그 사람 스스로 몸부림치던 모습이 지금도 눈에 선하다. 나는 여러 차례 그가 앉은 의자 옆에 무릎을 꿇고 그를 얽어매고 있는 권세를 향해 꾸짖었다. 하지만 여러 날이 지나도 그는 치유받지 못했다. 어느 날 오후 사람들이 그를 휠체어에 태워 건물 모퉁이로 데려갔다. 그는 사람들에게 우리 둘만 있게 해달라고 부탁한 후 내게 고백의 말을 했는데 그 말은 내 기억 속에서 오랫동안 지워지지 않고 아직도 남아 있다.

"나는 실패한 인간입니다." 그가 선언했다. "나는 주님을 믿는 믿음이 내 안에 있다고 생각하며 강한 자로 여기에 왔습니다. 하지만 이제 내 마음 속 깊은 곳을 들여다보고 고백하고 싶은 것이 있습니다. 나는 가련하고 비참한 실패자였습니다. 나는 사람들이 나를 가리켜 아무 불평 없이 고통을 참는 사람이라고 말하는 걸 보고 영적으로 교만했습니다. 사람들은 내가 십자가를 진다 해도 결코 투덜대지 않을 그런 사람이라고 말했습니다. 나는 주변의 칭찬 때문에 교만해졌지만 이제는 내 선이라는 것이 주님 보시기에는 자기 의에 불과하다는 걸 알게 됐습니다."

그는 양손에 얼굴을 파묻더니 울기 시작했다. 그 가련

한 사람에게 어떤 말할 수 없는 애처로움이 느껴지면서 내 눈에서도 눈물이 흘러내렸다. 그의 머리에 손을 얹고 기도를 시작했는데 그가 날 말리며 말했다. "프라이스 박사님, 내겐 지금 치유보다 예수님이 훨씬 더 필요합니다. 나는 예수님이 너무 갈급합니다. 내 삶의 그 어떤 것보다도 예수를 더 알고 싶습니다. 만약 예수님께서 나의, 이 자기 의로 가득한 마음을 그분의 화평과 사랑으로 채워주시기만 한다면 평생토록 이 휠체어에서 산다 해도 만족합니다." 그는 조용히 그 자리를 떠났다. 사람들이 그를 밀어 건물 밖으로 나가는 모습을 지켜보며 내 마음도 그를 따라 함께 나가고 있었다. 나는 집으로 가는 내내 마음 속으로 그를 위한 노래를 불렀다.

구주여, 구주여, 겸손히 부르짖는 내 소리를 들으소서.
다른 이들을 부르실 때에
나를 지나치지 마소서.

시편 51:17은 상하고 통회하는 마음을 주님께서 멸시치 않으시리라고 말하고 있다. 자아의 목적에 이르는 것은 얼마나 아름다운가. 밤새 수고하고 아무것도 얻지 못했다가 바닷가에서 우리를 기다리고 계셨던 주님을 만나는 것은 얼마나 놀라운 일인가. 그물을 배 오른편으로 던져서 우리의 기쁨을 가득 채우라고 말씀하시는 그 목소리는 얼마나 부드러운지. 배 오른편이라 하면 어느 쪽을 기준으로 말하는 것일까? 말할 것도 없이 배가 진행하는 방향이다. 당신의 배가 예수 쪽으로 나아가고 있다면 어느 쪽이 오른편인지 금방 알 수 있을 것이다. 이때 기억해야 할 것은 나사렛 예수를 모시려면 배를 비워두어야 한다는 사실이다.

며칠 후 나는 매킨리 대통령의 장례를 집전한 바 있는 맨체스터 박사와 함께 집회장 건물을 나서고 있었다. 그때 강당 현관문 앞에 그 사람이 휠체어에 앉은채 저녁 집회 시간에 맞춰 문이 열리기를 조용히 기다리고 있는 것이 보였다. 낮 집회는 끝난 상태였다. 맨체스터 박사가 그 사람의 얼굴을 보더니 멈춰섰다. 그리고는 그 사람쪽으로 걸어갔다. 나도 뒤를 따라갔다. 맨체스터 박사가 물었다.
"기도하러 오셨습니까?"
"기도하고 치유받으러 왔습니다." 그가 대답했다. 그

사람에게는 뭔가 다른게 있었다. 그의 목소리, 그 어조, 그의 눈 등등, 그의 얼굴에는 후광같은 것이 빛나고 있었다. 그에게 어떤 일이 일어 났었다는 것을 나는 직감했다. 내가 말했다. "말씀해 보세요. 무슨 일이 일어났는지. 무슨 일인지는 모르지만 너무나 놀라운 어떤 체험을 하신 것같아요. 내게도 그 영광이 느껴지는군요."

그러자 그는 자기가 예수와 함께 있었노라고 말했다. 밤새 기도를 했는데 간구 뿐 아니라 찬양과 경배도 함께 드렸다고 했다. 새벽 4시 쯤 주님께서 함께 계시다는 생각이 그를 압도했다고 말했다. 예수님께서 어떤 특별한 방법으로 자기 방에 계시다는 것을 알았다는 것이다. 그는 주님께 예배를 올렸다는 것, 그리고 하나님의 생명이 그에게 흘러들어오는 것을 의식했다는 것을 말해주었다. 무엇인가가 예수에게서 그에게로 들어온 순간 그는 마음과 머리에서 어떤 안개가 걷히는 것을 느꼈다고 했다. 그 때부터 그는 자기의 몸부림이 끝났다는 것, 아름답고 거룩한 평화가 자기 영혼을 감싸고 있다는 것을 깨달았다고 했다.

그는 다시 돌아와서 주님께 예배하고 안수를 받으면 예수로부터 능력이 흘러나와 건강이 회복되고 다시 힘을 얻게 될 것이라고 확신있게 말했다.

맨체스터 박사의 얼굴에서는 눈물이 흘러내렸다. 그리고 그는 이렇게 물었다. "왜 이 사람이 저녁때까지 기다려야 합니까?"

나는 "기다릴 필요 없습니다. 지금 이 자리에 위대한 의사이신 예수가 계십니다. 나사렛 예수님께서 지나가고 계십니다" 하고 대답했다.

잠시 후 모든 것이 끝났다. 그는 휠체어에서 일어났다. 그는 걷고 뛰며 자기를 구원하신 주님을 찬양했다. 거룩한 능력의 기적이었다. 주변은 마침 눈길이었는데 사람들이 몰려들어 찬양하며 기도를 했다. 구원받지 않은 영혼들이 깨어졌고 여러 사람들이 참회의 눈물을 흘렸다.

나 역시 제자들 무리에 끼어서 산자락에서 몸부림친 적이 한 두번이 아니었다. 그러나 이제 나는 마음으로 증언할 수 있다. 무기력한 우리들 사이로 예수님께서 몸소 하늘 산으로부터 내려 오실 때 그 모든 것이 얼마나 달라지는가를…

치유을 위한 참 믿음

:: 기도는 응답된다 ::

당신의 기도는 응답된다는 사실을 알지 못하는가? 당신의 짐과 염려를 예수의 발 아래 내려놓을 수 있다는 사실을, 슬픔과 염려의 짐으로 짓눌린 당신의 어깨를 다시는 숙일 필요가 없다는 것을 알지 못하는가? 나는 많은 사람들이 이 글을 읽고 인간의 수고는 하나님께 대한 확신과 신뢰를 깨뜨렸을 뿐이라는 것을 깨닫고, 인간의 헛된 수고를 포기하길 기도한다.

"믿음은 들음에서 나며 들음은 하나님의 말씀으로 말미암았^{롬 10:17}"다는 것 을 알지 못하는가? 내가 가진 희랍어 신약성경은 하나님의 말씀 앞에 정관사 the가 아닌 부정관사 a가 붙은 것으로 되어 있다. 교회 음악을 들을 때 좀 더 예민한 귀를 가진 사람이 있을 수 있다. 이 위대한 고전인 성경을 들을 때에도 좀 더 명석한 귀를 가진 사람이 있을 수 있다. 성경은 그것을 도구로 삼아 하나님께서 말씀하시는 책이지만 그렇다고 그 책을 통해 모든 사람이 하나님의 목소리를 듣는 것은 아니다.

"믿음은 들음에서 나며 들음은 하나님의 말씀으로 말미

암"는다. 예수님께서 우리 마음 속에 말씀 하시도록 마음 문을 열면 새벽 날개에 의심은 저 멀리 날아가 버릴 것이다. 예수님께서 염려로 가득한 우리 머리에 한마디 작은 말씀을 불어넣으시도록 문을 열면 하늘이 땅으로 내려올 것이다. 하나님의 영광스런 진리의 빛에 두려움은 완전히 걷히고 만다. 예수로 하여금 "그 사람을 내게로 데려오라"고 말씀하시도록 하라. 그러면 믿음이, 곧 하나님의 믿음이 와서 지친 영혼이 "주님, 볼 수 있게 하소서!" 하고 외치게 될 것이다. 예수로 하여금 사랑과 임재의 숨결을 당신에게 불어 넣으시게 하라. 그러면 산들이 떨며 바다로 달려갈 것이다.

믿음은 그렇게 온다! 인간의 머리의 통로로 오는 것이 아니다. 인간의 지식의 길로 오는 것이 결코 아니다. 인간의 이해 능력이나 인식할 수 있는 지적인 힘으로부터 오는 것도 아니다. 그런 것들로 치유받고자 한다면 당신은 밑도 끝도 없는, 참으로 부질없는 수고를 해야 할 것이다. 예수로 하여금 말씀 하시게 하라. 그것으로 충분하다. 예수의 한마디 말씀이 이제껏 있었거나 앞으로 있을 모든 사전(事典)의 모든 언어보다 더 귀하다.

치유을 위한 참 믿음

나사렛 예수가 지나 가시면 오늘날의 여리고 길에 있는 모든 바디매오에게 희망이 있다. 내가 "희망"이라고 했던가? 그렇다 희망이다. 아니 희망 이상이다. 예수님께서 우리의 무력한 절규를 들으시면 그냥 지나치시지 않을 것이기 때문이다. 예수님께서 말씀하시면 희망이 빛을 발하기 시작해서, 마침내 모든 회의와 불신앙을 태우는 불이 되고 만다. 그리고 거룩하고 아름다운 믿음의 따스함이 영혼과 육신에 치유를 가져다준다.

오 주님, 말씀하소서!
궁핍하고 무력한 우리가
마음과 목소리를 높여 주님을 부릅니다.
한 말씀만 하소서.
우리에게 필요한 건 그게 전부입니다.
깨진 우리의 믿음과
수고의 물탱크로 믿어보려 애썼지만
물을 담을 수 없었습니다.

구주여, 구주여, 겸손히 부르짖는 내 소리를 들으소서.
다른 사람 부르실 때에 나를 지나치지 마소서.

8

나누어주신 믿음

The Real Faith For
Healing

주님께서 우리의 필요한 모든 것을 주실 수 있음을 알기에 내 마음은 기쁘다. 주님의 은혜의 분량은 한이 없어서 땅에 있는 우리의 머리로는 헤아릴 수 없다. 우리는 유한하고 현세적인 것을 다루지만 하나님은 무한하고 영원한 것을 다루신다. 하나님은 언제나 넘치도록 채워 주신다. 사도 야고보는 하나님에 대해 "모든 사람에게 후히 주시는" 분이라고 말한다. 하나님의 자비는 끝이 없고 공급하심은 무한하다. 하나님은 마음으로 믿는 사람에게 하늘

문을 여실 것을 수도 없이 약속하셨다. 이런 사실에 비추어 볼 때 많은 사람들이 영적인 가난 속에서 살아 간다는 것은 비극이 아닐 수 없다. 우리는 성경이 믿음이라고 부르는 것에 대해 더 자세히 살펴볼 필요가 있다.

믿음은 바라는 것을 실제 가진 것으로 바꾸는 특성, 또는 능력이다. 그것은 바라는 것들의 실상이요 보지 못하는 것들의 증거다. 이것이 믿음에 대한 최 근사치 정의이다. 하나님의 영으로 기록된 말씀에서도 그 정도다. 믿음은 능력인데도 불구하고 손으로는 만질 수 없다. 믿음은 볼 수도 없고 무게를 달아볼 수도 없고 길이를 잴 수도 없다. 믿음에 대해 정의하는 것은 마치 에너지를 한 문장으로 정의하려는 것과 비슷하다.

원자는 그 자체로 독립된 세계이며 그 작은 우주 안에 포함되어 있는 잠재 에너지는 놀랄만큼 무한하다는 말이 있다. [편집자 주: 프라이스 박사가 이 책을 쓸 무렵에는 원자폭탄이 아직 개발되지 않았으며 핵에너지도 아직 일반에게는 알려지지 않았다.] 그런데도 원자에 대해 정의를 내리고자 하면 어려움에 빠질 수밖에 없다. 믿음도 마찬가지이다. 나도 한때는 내가 맡는다면 결코 말하거나 행하지 않았을 일들을, 말하거나 행하는 것은 나의 영혼을 좀먹는 짓이라고 생각한 적이 있다. 믿음이 겨자씨만큼 작을지라도, 그것은 저항할 수 없는 능력으로 말씀과 행위를 통하여 흘러 마침내 주님의 놀라우신 일을 경외하게 하기에 이른다.

내가 아는 한가지, 내가 배운 한가지는 나는 믿음을 만들 수 없다는 것이다. 서로 혼합함으로써 성경적인 참 믿음의 겨자씨같은 것을 만들어낼 수 있는 영적인 성분같은 것은 나에게나 여러분에게나 전혀 존재하지 않는다. 이 말이 옳다면 참 믿음 없이 어떤 결과를 이끌어내려고 애쓰는 것은 어리석은 짓이 아닐까? 호수를 건너고 싶은데 배 말고는 건너편으로 갈 수 있는 수단이 없는데도 배 없이 건너려고 애쓰는 것은 어리석은 짓이 아닐까? 내가 구해야 하는 것은 배지 호수 건너편이 아니다. 배를 구하라. 그러면 그 배로 건너갈 수 있다.

믿음으로, 그리고 오직 믿음으로만 받을 수 있는 것은 여러가지가 있다. 말씀은 이것을 거듭거듭 분명히 밝혀주고 있다. 그러나 모든 것은 다 호수 건너편에 있다. 그렇다면 "호수" 건너편으로 갈 수 있게 해줄 믿음은 어디에서 얻을까? 성경은 믿음이 하나님의 선물이며 성령의 열매라고 말한다. 선물이든 열매든 믿음의 근원은 동일하다. 그것은 하나님에게서 온다. 참 믿음의 다른 근원은 없다. 믿음은 "하나님의 믿음"이기 때문이다.

믿음을 우리가 가지고 있는 어떤 것이라고 가정해보자. 그렇다면 믿음의 능력을 고려할 때 그것은 위험한 소유가 된다. 하나님께서는 우리가 이편에 머물기를 원하시는데 우리가 믿음을 이용해 "호수" 건너편으로 갈 수 있다는 것을 가정해보라. 이 아침에 우리 주변의 모든 병자들을 일으킬만한 충분한 믿음이 여러분에게나 나에게 있다고 가정해보라. 그런 능력을 우리가 활용할 수 있다면 우리가 하나님의 뜻을 거역하거나 하나님의 계획을 뒤집어 엎지 않는다고 누가 장담할 수 있겠는가?

:: **위험의 한 예** ::

얼마 전에 한 부인이 병든 여자 아이를 내게 데려온 일이 있다. 그 아이는 그림처럼 예쁘고 귀여운, 조용하고 수줍음을 많이 타는 아이였는데 안타깝게도 심한 병에 걸려 있었다. 아이의 아버지는 딸을 끔찍이 사랑했지만 하나님께는 적대적인 사람이었다. 그의 아내는 오랫동안 남편이 하나님께 돌아오기를 위해 기도해왔지만 남자는 늘 핑계만 댈 뿐이었다. 그들 부부는 기도해달라고 내게 딸을 세 번 데려왔는데 참 믿음이 있었다면 아이는 치유함을 받았겠지만 그러질 못했다.

어머니는 기도에 들어갔다. 얼마 후 부인은 날 찾아와서 이렇게 말했다. "프라이스 박사님, 나는 하나님께서 내 남편을 어떻게 해보려고 하시는 걸 느껴요. 남편은 우리 딸 아이를 지극히 사랑하니까 주님께서 딸 아이를 통해 남편의 마음에 다가가시지 않을까 싶어요. 박사님께서 다시 한번 딸 아이를 위해 기도해주실 때 남편과 같이 올 수 있으면 얼마나 좋을까요. 남편이 자기 딸을 위해 무릎 꿇고 기도할 수만 있게 한다면 머지 않아 남편이 자기 자신을 위해서도 기도하게 될 거예요."

그후 그들이 기도받기 위해 다시 왔을 때는 남편도 같이 왔다. 남편은 예의바르고 친절했으며 자기 딸에 대해 많이 염려하고 있었다. 하지만 그에게 기도를 해보라고 부탁하자 그는 "아닙니다. 전 위선자가 되기는 싫습니다"

치유을 위한 참 믿음

하고 말했다.

성령께서 나를 통해 말씀하셔서서 내가 다시 말했다. "형제님, 무릎을 꿇으세요. 그리고 우리 함께 주님을 바라봅시다. 그렇게 하신다면 따님이 구주의 손길로 치유함을 받아서 따님을 집으로 데려갈 수 있을 거라고 믿습니다."

그는 놀라는 눈으로 날 쳐다보더니 "정말 그렇게 믿으시는 겁니까?" 하고 물었다. 나는 그렇다고 대답했다. 그는 무릎을 꿇었다. 그러자 예수의 치유의 능력이 그 작은 딸 아이의 몸속으로 흘러들어갔으며 아이는 감사의 기도를 드리는 가운데 감격한 눈으로 하나님을 바라봤다. 그와 동시에 아이 아버지는 구주께 마음을 바치고 있었다. 또 다른 영혼이 하나님의 나라에 들어선 것이다.

내가 충분한 믿음을 소유하고 있고 그 믿음을 내 마음대로 사용할 수 있다고 가정해보자. 만약 그렇다면 필요한 때에 주님께서 나눠주시는 믿음에 감격하여 주님의 이름에 똑같은 영광을 돌리는 일이 가능했을까? 그리고 심령이 메마른 한 아버지의 죄가 용서받는 일이 가능했을까? 나는 그렇지 않다고 생각한다.

여러해 전 밴쿠버에서 사역하던 때 일이다. 어떤 사건

때문에 밤을 새우다시피 하며 주님 앞에 마음을 쏟을 수밖에 없었던 적이 있다. 그날 밤 나는 수백명을 위해 기도하는 가운데 구주께서 나를 만나주시는 감미롭고도 놀라운 체험을 했다. 많은 지친 육신들이 주님의 손길에 의해 새로 거듭났다. 십자가 밑에 무릎 꿇은 많은 사람들이 고통과 질병으로부터 벗어났다. 마침 제일침례교회의 목사인 가브리엘 맥과이어 박사도 거기 있었다. 나는 그를 향해 "오늘 밤 주님께서 믿음을 나눠주고 계십니다. 주님의 능력이 치유의 역사를 행하고 계십니다" 하고 말했다. 그는 자기 평생에 그때처럼 하나님의 운동력을 느껴본 적이 없다고 대답했다.

잠시 후 우리는 제단 앞으로 나온 한 남자의 머리에 함께 안수를 했다. 어떤 진공같은 느낌이 나를 엄습했다. 진이 다 빠져 나가면서 몸이 텅비는 것을 느꼈다. 주님께서 나와 함께 계시기는 했으나 내게는 그 남자를 위해 기도할 확신이나 믿음이 없었고 아무런 일도 일어나지 않았다. 나는 다시 기도했다. 텅빈 느낌이 오히려 더 커졌다. 나는 주님께 방금 전에는 그토록 감미로운 모습으로 나타나시더니 이제는 날 떠나버리신 것 같은데 왜 그러신 것이냐고 거의 소리를 질러 항변할 뻔했다. 그대신 나는 남자를 향해 물었다. "형제여, 왜 여기에 온겁니까? 당신은 누구입니까? 이 강단으로 나오신 목적이 무엇입니까?"

그의 얼굴이 창백해졌다. 그러더니 그가 고백을 했다. 그는 직업적인 최면술사라고 했다. 그는 사람들과 논쟁을 했다고 했다. 이 집회에서 일어나는 능력은 최면술의 힘이라고 주장했고 자기 말이 맞는다는 것을 입증하기 위해 자기가 직접 시험하러 나가보겠노라고 했다는 것이다. 이제 그는 사람들을 모아서 오히려 하나님의 치유의 능력을 증언하기로 했다.

그런데 그 사람은 실제로 병들어 있었다. 그는 치유가 필요했다. 만약 그를 위한 믿음이 내게 있었다고 가정해보자. 만약 그 믿음으로 그 사람을 치유했다면 그것은 재앙이 되었을 것이다. 다행히도 나에게는 그런 믿음이 없었다. 그걸 어떻게 아는가? 우리가 믿음이라고 부르는 것에 능력이 없다면 그것은 참 믿음이 아니다. 동작을 취하는데 움직임이 없을 수 없는 것과 마찬가지로 참 믿음이 있는데도 아무런 결과가 없는 일이란 있을 수 없다.

우리가 종종 믿음이라고 부르는 것은 그냥 신뢰일 뿐이

다. 우리는 주님을 신뢰하지만 믿음은 발과 날개와 능력이 있다. 구원에 대한 믿음이 있으면서 구원받지 못하는 일은 있을 수 없다. 주님을 신뢰하면서도 한편으로는 언젠가는 그리스도께 나아오겠노라고 약속할 수 있다. 그러나 구원을 향한 믿음이 있다면 그것은 그가 지금 이미 구원 받았음을 의미한다.

내가 방금 언급한 남자의 경우도 마찬가지다. 그날 저녁 집회 때 내가 받은 믿음이 어떤 것이든 그 믿음은 하나님의 섭리와 뜻 가운데 하나님만이 주실 수 있는 복을 받을 준비가 돼있는 다른 사람을 위해 기도할 때까지 유보되었다. 공교롭게도 우리가 기도해준 다음 사람은 여자였는데 그는 전체 집회 중에서 가장 기적적인 치유를 받은 사람이 됐다.

기독교인이면서 믿음이 전혀 없는 사람은 없다. 구원을 유지하고 주님께 순종하며 주님 보시기에 기뻐하실 일을 행하기에 충분한 믿음이 우리 마음에 심어져있으나 그래도 우리는 믿음의 영속성을 위해 끊임없이 주님을 의지해야 한다. 태양을 없애면서 빛을 유지할 수는 없다. 하나님의 믿음이 없이는 하나님에 대한 믿음을 가질 수 없다. 그래서 성경은 "너희가 그 은혜를 인하여 믿음으로 말미암아 구원을 얻었나니 이것이 너희에게서 난 것이 아니요 하나님의 선물이라엡 2:8"고 말하는 것이다.

은혜와 믿음은 너무도 밀접히 연결되어 있어서 서로 분리될 수 없다. 놀라운 사실은 우리가 받을 자격이 가장 없다고 느낄 때 오히려 믿음을 나누어주실 때가 많다는 것이다. 믿음의 선물은 은혜의 아름다운 꽃이다. 믿음이 공적의 결과인 때는 거의 없다. 우리는 한 순간이라도 우리의 행위나 말 때문에, 아픔과 고난으로부터 우리를 건져줄 믿음을 하나님께서 우리에게 주셨다고 말할 수 없다. 시련의 때에 갑자기 당신의 것이 된 믿음, 그것은 어디에서 왔을까? 왜 왔을까? 저 놀라운 십자가를 바라볼 때 나는 삶의 모든 일과 사명 위에 운행하는 은혜가 믿음을 향해 미소짓는 까닭을 부분적으로 이해할 수 있다.

:: **그가 누구이기에?** ::

주님과 제자들이 갈릴리의 폭풍 속에 배를 타고 있다. 조금 전만 해도 바다가 잔잔했었는데 지금은 폭풍우가 그들이 탄 작은 배를 뒤집어 엎을듯한 기세다. 그들은 사나운 파도와 맹렬한 바람에 겁을 먹고 있다. 아마 여러분이나 나 라도 마찬가지였을 것이다. 삶의 장면들도 얼마나 급속히 바뀌는지, 웃음이 눈물에 잠겨버리고 행복한 마음이 슬픔으로 찢기는 것은 시간 문제일 뿐이다. 갈릴리 폭풍우 사건은 하나님이 우리에게 교훈 하시고자 하는 것을 잘 보여주는 것 같다.

"예수님께서 잠이 드셨더니 … 제자들이 나아와 깨어 이르되 주여, 주여, 우리가 죽겠나이다눅 8:23, 24"

예수는 일어나셔서 "바람과 물결을 꾸짖으시니 이에 그쳐 잔잔하여지더라." 그런 후 예수는 제자들을 향해 "너희 믿음이 어디 있느냐?"고 물으셨다.

그렇다. 그 믿음이 어디에 있었을까? 배 밖으로 떨어져 버렸을까? 바람에 날려갔을까? 배를 청소할 때 물살에 휩쓸려갔을까? 아니다. 그 어떤 것도 아니다. 그들의 믿음은 내내 그들과 함께 있었다. 그들은 폭풍의 현실은 분별하면서도 예수의 존재 사실은 무시하는 잘못을 저질렀다. 예수님께서는 나중에 제자들에게 "나 없이는 너희가 아무 것도 할 수 없다"고 말씀하시게 되는데 바로 그 사실을 지금 보여주신 것이다.

알지 못하는가? 보지 못하는가? 예수님께서 나와 여러분 가까이에 계시듯이 그들의 믿음도 그들 바로 곁에 있었다. 폭풍이 있다는 사실이 예수님께서 가버리셨다는 것을 뜻하지는 않는 것이다. 당신 삶의 폭풍은 당신의 길에 기적을 불러일으키는 바람일 수 있다. 그것은 당신으로 하여금 "그가 누구이기에 바람과 물을 명하매 순종하는가" 하고 말하게 하는 하나님의 방법일지 모른다.

베드로가 그 배에서 일어나 광풍을 향하여 잔잔하라고 명하는 장면을 상상할 수 있는가? 나는 상상할 수 있다. 바다의 주님께서 기적을 행할 믿음을 주셨다면 가능한 일이 아닌가. 미문에 앉은 사람을 향해 확신을 가지고 "내게 있는 이것을 네게 주노니" 하고 말함으로써 참 믿음이 있음을 입증한 사람이 바로 베드로였다. 미문에 앉았던 사람은 치유함을 받았고 베드로와 요한을 따라 성전으로 들어가서 하나님을 찬송했다. 그렇다면 베드로는 그런 믿음을 어디서 얻었을까? 그 해답을 얻기 위해 우리가 할 일은 베드로가 한 말을 살펴보는 것이다.

"베드로가 이것을 보고 백성에게 말하되 이스라엘 사람들아, 이 일을 왜 놀랍게 여기느냐? 우리 개인의 권능과 경건으로 이 사람을 걷게 한 것처럼 왜 우리를 주목하느냐? 그 이름을 믿으므로 그 이름이 너희가 보고 아는 이 사람을 성하게 하였나니 예수로 말미암아 난 믿음이 너희 모든 사람 앞에서 이같이 완전히 낫게 하였느니라^{행 3:12, 16}"

[편집자 주 : 이 책의 첫 판이 나온 이후에 나온 NIV나 ,NKJV같은 번역본들은 16절을 더 분명히 함으로써 프라이스 박사의 가르침에 권위를 더해주고 있다: (행 3:16 NIV … the faith that comes through him = 그로 말미암아 온 믿음) (행 3:16 NKJV, … the faith which comes through Him = 그로 말미암아 온 믿음)]

우리의 설득력 없는 시도, 곧 마음이 아니라 머리에서 믿음을 찾으려 한다든지, 은혜로 받은 믿음을 지적인 신념으로 바꾸려 한다든지, 하늘로부터 비쳐오는 그리스도의 빛이 아니라 의지의 힘으로 믿음을 구하려는 따위의 헛된 시도와 이 진리 사이에는 얼마나 큰 차이가 있는가. 한 장애인에게 있어 걷기 위해 수고하고 애쓰는 것과, 걸을 수 있는 믿음을 바라며 기도하는 것과는 바다 만큼 차이가 있다. 여러 증언들로부터 알 수 있는 것은 소란스런 수고와 노력의 거친 분위기보다는, 하나님 앞에서 신뢰와 안심의 조용하고 아름다운 태도로 기다리는 영혼에게 그런 믿음이 온다는 것이다. "주님을 기다리라. 주님 안에서 안심하라. 조용히 주님을 기다리면 주님께서 이루시리라"(시 37편을 보라).

광풍이 몰아치는 갈릴리 바다에서 제자들의 믿음은 먼 곳에 있지 않았다. 예수님께서는 자기를 의지하라는 교훈을 주기 위해 주무시고 계셨다. 예수님께서 주무신 것은 인간의 자기 자신에 대한 확신을, 주님의 약속과 주님의 존재의 능력에 대한 신뢰로 바꾸시기 위함이었다. 당신의 믿음도 멀지 않은 곳에 있다. 신뢰와 확신 가운데 주님을 바라보라. 그리 할 때 폭풍과 격랑 한 가운데서도 주님이 편히 주무실 수 있는 것처럼 당신도 주님 품에서 달콤하게 쉴 수 있다고, 고통가운데 있는 당신의 마음 속에 소근거리시는 주님의 음성이 들려올 것이다.

9

믿음은
선물이다

The Real Faith For
Healing

믿음은 두가지 중 하나, 곧 하나님의 선물이거나 성령의 열매이다. 그것에 대해서는 의심의 여지가 없다. 믿음이 우리의 것이 될 수 없는 이유는 분명하다. "겨자씨 만한" 믿음이 산을 옮길만한 능력이 있다면 그처럼 막강한 무기를 하나님이 우리에게 맡기실 수는 없다. 만약 맡기신다면 당신이나 나같은 연약한 사람의 손에 우리 자신을 파괴할 힘을 주시는 것이 된다.

믿음이 우리 것일 때 나타나는 단점은 믿음을 나쁜 목

적으로 쓸 수 있다는데 그치지 않는다. 그렇게 될 때 하나님께 대한 우리의 의존 관계가 심각하게 손상될 수 있으며 우리의 영적 성장에도 방해가 될 수 있다. 믿음을 과시해보려 한다든지 하는 그런 내가 원하는 기도 응답을 받기 위해서 애쓴 적이 한두번이 아니었지만, 결국 내가 깨달은 사실은 그 기도가 내가 바라던대로 응답되지 않은 편이 훨씬 더 낫다는 것이었다.

하나님께서 우리에게 하나님 뜻에 따라 행하는데 필요한 만큼의 믿음만 주시는 것도 그런 이유에서다. 거기에서 넘치는 것은 하나님께서 주시지 않는다. 하나님의 목적을 이해할 수 없을 때가 많았지만 그래도 나는 하나님을 신뢰하며, 그 분께서 믿음을 나누어주시지 않을 때에는 잠잠히 기다린다. 믿음을 주시지 않는 이유가 무엇이든 하나님께서 내 삶의 가장 좋은 것을 위해 일하고 계신다는 것을 나는 알기 때문이다.

볼 수 없을 때 하나님을 신뢰해야 하고 이해할 수 없을 때 하나님을 의지해야 한다. 하지만 그런 신뢰가 믿음은 아니다. 믿음은 역동적으로 역사하며 그 분량과 능력에 따라 일을 이룬다. 하나님은 우리가 이 땅에서 분량을 재듯이 믿음의 분량을 재신다. 예수는 적은 믿음, 큰 믿음, 약한 믿음, 강한 믿음, 그리고 믿음 없음에 대해 말씀하셨다. 하나님의 뜻에 부합되는 어떤 일이 필요할 때 주님은 믿음을 나누어주시고, 그리 함으로서 하나님의 뜻이 하늘에서 이루어진 것처럼 땅에서도 이루어진다. 기독교 세계는, 조지 뮬러의 삶에서 하나님을 믿는 사람에게 있는 믿음의 능력의 본보기를 보고자 한다. 하지만 그의 전기를 읽으면서 뮬러가 스스로 하나님의 중심에 있는 사람으로 알고 있었다는 것을 깨닫지 못했는가? 먹여야 할 굶주린 아이들, 입혀줘야 할 헐벗은 아이들이 있었다. 뮬러는 주님께서 그런 사역을 위해 자기를 부르셨다는 것, 그리고 그에 대한 모든 필요를 채워주실 것을 믿었다. 그의 믿음이 옳았다. 필요가 발생할 때마다 하나님께서 믿음을 주셨다. 몸부림도 없었고 고뇌도 없었고 의심과 싸움도 없었다. 오로지 나누어주신 믿음의 구현만이 있었다.

뮬러는 열렬한 기도, 효율적인 기도의 신봉자였다. 그는 중보 사역의 비밀을 여러번 보여주었다. 그는 사람들이 끈질기고도 계속적인 기도를 배우지 못해서 기도의 응답을 받지 못하는 것이라고 말했다. 뮬러는 위기에 봉착

할 때마다 주님께 자기의 필요를 말하고 그것이 이루어진 것으로 믿었다. 간단하기가 마치 야채 가게에 전화를 해서 배달을 주문하는 것과 거의 같았다. 뮬러는 고아들을 돌보는 기간 동안 구체적인 기도에 대해서 기록한 것만 해도 50,000번이 넘는 응답을 받았다.

그런 믿음을 당신 스스로 가질 수 있는가? 그건 불가능하다! 오직 하나님만이 그런 믿음을 나누어주실 수 있다. 나누어주신 믿음이라는 말이 무엇을 뜻하는지 예를 들어 보겠다.

:: **주님은 아신다** ::

몇년 전 오레곤 주 메드포드에서 열린 치유 집회에서 있었던 일이다. 장소에 비해 사람들이 너무 많이 모여서 창틀에 앉은 사람들까지 있었다. 그 중에 목발을 짚고 다니는 어린 사내아이가 있었다. 그 아이의 파란 눈은 너무나 힘이 없어 보여서 내 마음까지 흔들렸다. 나는 조용히 내 마음을 주님께 들어올리면서 아이의 치유에 필요한 믿음을 구했다.

바로 그때 한 여자아이가 기도를 받기 위해 내 앞에 섰다. 아이의 엄마는 울고 있었다. 나는 아이 머리에 손을 얹고 기도를 했다. 아무런 일도 일어나지 않았으나 집회의 영에는 변화가 있었다. 갑자기 갑갑하게 하는 그 무엇인가가 날 무겁게 짓눌렀다. 나는 다시 기도했다. 그러자 그 느낌이 오히려 더 커졌다. 나는 당황하여 울고 있는 아이의 엄마를 바라보았다. 그 여인은 흐느끼고 있었다. 그러더니 거의 신경질적으로 "왜 예수는 내 딸을 고쳐주지 않는 거예요?" 하고 부르짖었다.

내가 "어느 교회에 나가십니까?" 하고 물었다.

"감리교회에 다닙니다" 하고 아이의 엄마가 대답했다.

그 아이엄마의 대답에는 뭔가 나를 곤란하게 하는 것이 있었다. 그 순간 주님께서 내 옆에 있던 다른 여자에게 분별의 은사를 주고, 그 여자가 아이엄마에게 물었다. "신비주의나 비술같은 데 다니신 적 없으세요?"

그녀는 그런 적이 있다고 고백했다. 그녀는 몇주 동안 감리교회에 나가실 않고 신비주의자들의 강신술 모임에 다녔던 것이다. 그때서야 나는 주님께서 치유의 복과 믿음을 내게 주시지 않은 까닭을 알 수 있었다. 그 아이의

치유을 위한 참 믿음

엄마가 소리를 높였다. "주님께서 다른 사람들을 고쳐주셨으니 우리 딸 아이도 고쳐달라고 해주세요."

나는 "자매님, 갈보리에서 예수님께서 흘리신 보혈을 통해 구원 받는다는 걸 아십니까?" 하고 물었다.

그 아이엄마는 한 때 그런 믿음이 있었지만 자기 삶에 슬픔이 닥치면서부터 하나님의 손에 더 매달리려 하지 않고 오히려 하나님을 떠나버렸다고 말했다. 그녀는 내 간청을 받아들여 바로 그 자리에서 자기 마음을 하나님께 바치겠노라고 말하면서 자기를 위해 기도해달라고 부탁했다. 그녀는 나를 따라서 회개와 항복의 기도를 했다. 그리고 다음 말로 마무리를 했다. "나는 예수를 나의 구세주로 믿습니다. 그리고 보혈의 약속을 내 모든 죄를 위한 대속으로 받아들입니다." 그 아이의 엄마가 그리스도께 항복하면서, 나와 그녀의 마음에 하늘로부터 영광의 물결이 내려왔다. 그리고 그녀의 작은 딸에게 다시 손을 얹는 순간 아이의 휠체어 생활이 이제는 끝이라는 것을 알았다. 아이는 벌떡 일어섰다. 완전히 나은 것이다. 그런 후에 나는 사내 아이쪽을 바라보고 창문을 넘어 제단으로 올 수 있도록 손을 내밀어 도우려 했다. 그러나 그 아이는 창문을 넘지 않고 오히려 창틀에서 내려 걸어왔다. 목발을 밖에 그대로 둔채였다! 그 아이도 놀랍게 치유를 받은 것이다.

그날 집회는 유래를 찾기 어려울 정도로 성령께서 친히 주관하신 집회였다. 치유받은 사람들 뿐 아니라 구원받은 사람도 많았다. 통로에는 여러 해 동안 휠체어를 타셨던 한 노부인이 있었다. 그 부인도 뛰고 외치며 하나님을 찬양했다. 얼마나 놀라운 집회였던가! 사람들은 주님을 찬양하고 천사들은 기뻐했던, 그야말로 놀라운 시간이었다.

내게 그 여자아이를 치유할 믿음이 있었다고 생각해 보자. 내가 첫번째 안수했을 때 아이가 고침을 받아서 돌아갔다고 생각해보자. 그러면 아이 엄마는 강신술 집회에 참석하는 것이 하나님의 뜻이라는 징표로 받아들이고 그 순간부터 신비주의에 더 깊이 빠져 들어갔을지 모른다. 그래서 내가 아직 온전히 깨닫지 못한 가운데 기도했을 때 믿음과 확신의 영이 나를 떠나갔던 것이다. 그때 얼마나 텅 빈듯 했던지! 그런 후 그 아이의 엄마가 예수를 구세주로 영접하고 나서야 하나님께서 다시 믿음을 주셨고 비로소 치유의 역사가 이루어졌다.

치유을 위한 참 믿음

내가 말하고 싶은 것은 이것이다. 치유를 받기 위해 헛된 수고를 하기보다 "믿음의 주요 온전케 하시는 이"인 예수를 바라보는 법을 배우면 우리의 삶이 얼마나 더 감미롭고 풍성하게 될까!

:: 행복한 아침 ::

몇년 전 일이다. 어느 날 아침 나는, 정신을 놓아서 시설에 갇혀 있던 한 가련한 여자를 위해 기도하러 나갔었다. 아직도 그 남편의 흐느끼는 소리와 절망적인 부르짖음 소리가 귀에 선하다. 재앙이 그들의 아름다운 가정을 아무런 경고도 없이 내리쳤다. 하나님만이 그들의 유일한 소망이었으며 남편도 그 사실을 알고 있었다. 내게는 부인을 위해 기도할 열심이 있었고 주님께서 내 기도를 들어 주시리라는 확신을 가지고 그에게로 갔다. 부인은 글자 그대로 속수무책인 상태로 악령에 사로잡혀 있었다. 부인의 방에 들어섰을 때 부인은 자기 목소리가 아닌 다른 소리로 불경하고 외설스런 욕을 해대고 있었다.

그날 아침 우리의 기도에는 어떤 가시적인 응답이 오지

않았다. 그래서 나는 우리 교회에, 그리고 다른 교회들에까지 기도를 요청했다. 우리 모두는 부인의 구원을 위해 하루 종일 기도하기로 동의했다. 몇몇 기도의 용사는 부인이 구원받을 때까지 무릎꿇고 계속 기도하기로 작정했다.

그 날 오후 4시쯤 교회 제단 가까이에서 기도하고 있는데 주님의 영이 내게 임하시는 것을 느낄 수 있었다. 나는 주님의 영광의 임재로 말미암아 한편으로는 큰 힘을 얻고 또 다른 한편으로는 두렵고 떨리는 마음으로 우리의 기도가 이루어졌다는 것, 우리가 바라던 응답이 나타났다는 것을 선언했다. 나는 그녀의 남편에게 전화해서 우리가 승리를 얻은 것으로 믿는다고 말했다. 실제로 우리는 승리했다.

이튿날, 짧은 시간의 기도와 안수가 있은 후 부인은 일어났고 사랑하는 남편과 자녀가 있는 집으로 다시 돌아갔다. 나는 악령이 이 가련한 영혼을 붙잡았다가 풀어주고 그의 몸을 떠난 순간이 언제인지 안다.

나는 그 승리의 순간에 그리스도의 믿음이 내게 주어졌다는 것을, 또는 풀어졌다는 것을 느꼈다. 나 자신은 그리스도의 믿음을 풀어줄 수 없다. 만약 그럴 수 있었다면, 하나님의 뜻에 대한 내 제한된 지식으로는, 부인은 내가 처음 기도했을 때 고침을 받았을 것이다. 그러나 주님께서 사랑과 은혜로 내게 나눠주신 믿음이 내 안에 풀렸을 때 비로소 치유의 기적이 일어났다. 우리의 기적을 일으키는 믿음은 언제나 주님이 나눠주실 때만 생길 뿐 아니라 언제나 주님의 통제 아래 있다.

어느 날 한 여자가 내게 말했다. "나를 위해 기도해주세요. 내겐 세상의 모든 믿음이 있어요." 여자가 무슨 뜻으로 하는 말인지 난 알았다. 우리는 그런 표현을 수없이 듣는다. 나는 이렇게 대답했다. "자매님, 자매님에게 그런 믿음이 있다면 왜 아픈 겁니까?" 여자는 묘한 표정으로 나를 바라봤다. 그리고 나서 잠시 무언가 생각하는 듯 하더니 "겨자씨 만한" 믿음을 위해 기도하러 나갔다.

캐나다와 미국에서 전도집회를 하는 동안 하나님의 은혜가 내게 임하여 단 한 달 사이에 만 명이나 되는 사람을 위해 기도하는 특권을 누렸다. 그 기간에 있었던 몇몇 집회와 그때 겪었던 체험은 지금도 머리 속에 각인된채 지워지지 않는다. 굳어있고 딱딱한 분위기의 집회도 있었는데 그런 경우에는 기도를 해도 허공을 치는 듯 느껴졌고 승리를 이끌어내고자 하는 우리의 노력은 실패에 봉착하는 듯 보였다. 그러다가도 영광이 엄습하고 성령의 능력이 몰려와서 집회를 천국문까지 이끌어간 일도 있다. 그런 집회에서는 우리가 "공중 권세" 앞에서 참으로 무력하다는 것, 치유의 기적이 일어나려면 주님의 임재하심이 나타나야 한다는 위대한 진리가 강조되었다.

우리의 구세주는 "나 없이 너희는 아무것도 할 수 없다"고 말씀하셨다.

우리는 이따금 어리석은 대답을 한다. "난 할 수 있어요. 내겐 믿음이 있거든요. 믿음이 있으면 산도 옮길 수 있다고 주님이 말씀하시니까 나는 믿음을 활용할 수 있고 믿음을 행사할 수 있고 믿음으로 일을 할 수 있어요."

그런 사람에게 나는 이렇게 말한다. "가서 해보십시오. 그리고 무슨 일이 일어나나 보십시오."

믿는 사람에게는 모든 일이 가능하다. 그러나 무엇을 믿느냐가 중요하다. 은혜 없이, 하나님의 믿음 주심 없이 당신이 산을 옮길만한 능력의 소유자라고 믿는 것은 실로 위험하다. 그런 식으로 믿고 그런 식으로 능력을 나타내려고 애썼던 사람들을 많이 보았지만 그들의 몫은 기쁨이 아니라 슬픔이었다.

:: **교구목사의 딸** ::

몇해 전 위니펙에서 가졌던 집회를 잊을 수 없다. 그 집회를 돕던 사람들 중에는 내 친한 친구인 영국교회의 부주교 페어도 있었다. 그는 자기 교구목사 한 명을 대동하고 집회에 왔다. 그 교구목사는 병든 딸을 데리고 왔는데 미국 병원에서 포기하고 집으로 돌려보낸 딸이었다.

그 가련한 소녀에게는 견뎌내기 어려운 극심한 통증이 있어서 어떻게든 살려면 다량의 마취제를 복용할 수밖에 없는 상태였다. 소녀는 방석을 깔고 사면을 베개로 막은 큰 휠체어를 타고 제단 앞에 앉아 있었다. 집회장에는 사람들로 가득차 있었고 주님의 임재하심으로도 가득차 있었다.

예배가 끝나갈 무렵 익숙한 느낌이 마음 속에 찾아왔다. 나는 글자 그대로 주님의 임재하심에 녹아져 있었다. 나는 가까이에 있던 한 목사에게 이렇게 말했다. "주님께서 이곳에 계십니다. 그리고 오늘 밤 주님께서 기적을 행하실 겁니다. 주님의 능력이 나타나 이 집회를 흔들 겁니다." 그 말을 미처 다 하기도 전에 그 병든 소녀를 위한 믿음을 주셨음을 느꼈다.

나는 망설이지 않았다. 부주교 페어의 옆으로 다가가서 교구목사의 딸을 위해 함께 기도하자고 말했다. 부주교가 내 손을 꼭 잡으며 말했다. "형제님, 내가 이제껏 한번도 느껴보지 못한 그런 모습으로 예수님이 이 집회에 임하셨음을 느낄 수 있습니다. 오늘 밤 기적을 행하실 것이 느껴집니다." 예수님께서는 그날 밤 기적을 행하셨다.

예수님께서는 소녀의 병든 몸 위에 손을 얹으셨다. 우리는 건강한 혈색이 소녀의 뺨에 돌아오는 것을 볼 수 있었다. 소녀는 죽지 않고 살았다. 소녀는 오늘도 놀라우신 우리 주님의 능력의 산 증인으로 살아가고 있다.

일년 후 나는 그 집회장을 다시 찾아가서 그날 밤 주님께서 나를 찾아오셨던 바로 그 자리에 다시 섰다. 그 자리에 서보니 그 날 내가 한 일과 내 가련한 심령에는 없던 믿음을 주님께서 내게 주신 그 순간에 일어난 일이 떠올랐다. 그런 이유로 나는 믿음이 하나님의 선물이라고 말

치유을 위한 참 믿음

하는 것이다. 우리는 믿음을 내 뜻대로 쓰기 위해 소유할 수 없다. 오직 주님께서 주시는 목적을 위해서만, 그리고 믿음을 가지도록 허락하시는 것에 한해서 만이 소유할 수 있다.

다시 반복하겠다. 하나님은 자신의 복된 뜻과 일치하는 모든 일을 위해 우리에게 필요한 믿음을 주신다. 그 믿음은 우선은 하나님께서 선물로 주신 것이며 그리고는 성령의 열매로 자라난다. 그러나 모든 질병을 없이하고 기적적 능력으로 모든 장벽을 허무는, 그런 산을 옮길만한 믿음은 거듭 주장 하거니와, 하나님이 주실 때만, 그리고 구세주의 뜻일 때만 가능하다.

그러므로 모든 신뢰를 예수께 두라. 오직 예수를 만날 때만 주님의 임재의 감미로움을 맛볼 수 있으며 오직 주님만이 주실 수 있는 참 믿음을 받을 수 있다. 그런 믿음이 거두어질 때 주님을 의지하고 그런 믿음이 주어질 때 주님을 찬양하라. 주님은 "모든 것을 잘하"신다는 것을 기억하라.

주님의 제어하시는 손이 없었다면, 뿐만 아니라 우리의 모든 필요를 넉넉히 채워주심이 없었다면 우리 모두는 길을 잘못 들어 헤맸을 것이다. 오늘 우리에게 좋게 보이는 것이 내일은 우리의 슬픔이 될 수 있다. 그러니 주님을 모시고 우리 길을 가려고 애쓰는 것보다, 주님께서 우리를 데리고 주님의 길을 가시도록 하는 것이 얼마나 더 좋겠는가. 믿음을, 무엇보다도 "하나님의 믿음"을 갖는 것보다 더 큰 기쁨은 없다.

10

믿음은
열매다

The Real Faith For
Healing

　기독교인의 삶은 위대한 모험이다. 우리에게는 길의 끝에 도달하는 법이 없다. 오늘 어떤 산 꼭대기에 올랐다 하더라도 내일 또 올라야 할 산이 반드시 있다. 미래는 과거보다 위대하다. 아직 밟아보지 못한 영광의 산들이 거기 있기 때문이다. 이 위대한 진리가 주님 예수의 제자들에게는 큰 도전이 된다. 주님의 인도 아래 우리는 인간의 눈으로는 볼 수 없는 세계의 문에 영적으로 오를 수 있는 특권을 누린다. 바로 거기에서 우리는 이해할 수 없었던 것을 이해하기 시작하고 많은 사람들에게 감추어졌던 신비가 우리 앞에 펼쳐지는 것을 볼 수 있게 된다.

성경이 모호함 없이 분명히 밝혀주는 한가지 진리가 있다. 영적인 일은 오직 영으로만 분별할 수 있다는 것이 그것이다. 인간의 유한한 정신으로는 하나님과 하나님의 일을 이해할 수 없다. 우리는 피조물이며 하나님은 창조주이시다. 우리와 하나님 사이에는 건널 수 없는 영역이 존재한다. 우리가 하나님에게로 갈 수 있는 길에 열려있는 유일한 문이 예수 그리스도이시다. 그리고 하나님을 이해하고 하나님께 나아가는 유일한 길도 주님이시다. 주님은 자신을 가리켜 "내가 문이니 나로 말미암지 않고는 아버지께로 올 사람이 없다"고 말씀하셨다.

하지만 사람은 끊임없이 지적(知的)으로 하나님을 이해하려 하고 인간의 노력으로 하나님께 이르려 한다. 그런 제한되고 유한한 이해 때문에 인간은 늘 "은혜에 의한, 믿음으로 말미암는 구원"을 "행위에 의한 구원"으로 바꾸려 한다. 그러한 사람은 자기가 누구인가하는 것보다 자기가 무엇을 하는가에 초점을 맞춘다. 따라서 그가 보기에 인격이 곧 자기가 달려 죽은 "십자가"가 된다. 그러나 그런 십자가에는 더 낮은 차원의 충동들이 비비 꼬고 비틀지는 몰라도 그의 인격은 결코 죽지는 않는다. 결과적으로 구세주가 달려 죽은 십자가는 불필요하거나 쓸모없게 된 것으로 여겨진다.

똑같은 이유로 자연 상태의 인간은 다른 모든 성령의 열매들은 하나님에게서 온다고 말하면서도, 믿음만은 유한한 정신의 소산으로 만들어버렸다. 아직도 많은 기독교인들에게 믿음은 약속이나 진리를 믿는 인간의 능력에 불과하다. 그들에게 믿음은 끊임없는 긍정의 과정을 통해, 그러니까 자기 기도가 이루어졌다고 반복해서 고백하고 또 고백하면서 회의와 불신앙을 쫓아내기 위한 인간의 노력에 근거한 것일 때가 많다.

우리는 "이루어진다고 믿으면, 그렇게 믿을 수 있으면 이루어진다"고 말하지 않는가? 우리는 어떤 약속을 바라보면서 정신력을 총동원해서 우리 자신의 믿는 능력을 통해 그 약속이 이루어지도록 애쓰지 않았던가?

최근에 착각에 빠진 한 가련한 남자가 뱀들이 우글우글한 바구니에 손을 넣어 하나님께 대한 자기 믿음을 입증하려 했던 일이 있었다. 그 사람도 물론 주님을 사랑한 사람이었다. 몇주간 동안 그는 삶과 죽음 사이를 오갔다. 그러다가 다시 회복되긴 했지만 참으로 개탄할만한 사건이었다. 의심할 여지 없이 그는 하나님을 믿었다. 그러나 그의 믿음이라는 것은 죄스러운 예측에 불과하다.

몇해 전 나는 인도의 존경받는 영적 지도자였던 판디타 라마바이의 비서들 중 한 사람과 오랜 시간 대화를 나눈 적이 있다. 그 여비서는 집과 학교에 있던 소녀들에게 성령의 영광스런 강림이 있고 나서 "코브라들이 해탈한" 이야기를 들려주었다. 밤중에 코브라들이 나타나 인근에 있던 소녀들 여러 명을 물었다. 한 순간 큰 공포가 있었지만 '비상사태를 위한 믿음'을 주님의 영이 나누어주시자 비통과 아픔의 울부짖음이 아니라 승리와 찬양의 함성이 터져나왔다. 코브라에 물려 죽은 아이는 하나도 없었다. 모두 고침을 받았다. 하나님이 나누어주신 믿음이 그들을 구했고 그들로 하여금 이기게 했다.

믿음 안에 신념이 있지만 믿음은 신념 그 이상이다. 바위는 산에 있지만 산은 바위 그 이상이다. 바위가 자기가 스스로 산이라고 주장한다면 나는 "너무 잘난체 하는군" 하고 말해줄 것이다.

치유을 위한 참 믿음

강조해두어야 할 진리는 다음과 같다: 믿음은 여러가지 정신적 성분들을 혼합해서 얻을 수 있는 것이 아니다. 확신: 한 큰 술, 신뢰: 한 작은 술, 신념: 약간, 그밖에 양념 조금, 이런 식으로 산을 옮길만한 믿음이 생기지는 않는다. 우리의 무력함과 주님께 대한 전적인 의존을 깨달을 때 비로소 우리는 주님께서 나누어주시는 은혜에 가장 가까와진다.

하나님의 사랑

갈라디아서 5:22은 믿음이 성령의 열매 중 일부라고 말한다. 내가 "일부"라고 말하는 까닭은 바울이 열거한 모든 특성들이 성령의 "열매"를 구성하기 때문이다. 많은 사람들이 말하듯 "열매들"이 아니라 "열매"이다. 다른 특성들을 한번 살펴보자.

성령의 열매로 첫번째 언급한 것은 "사랑"이다. 우리가 사랑하는 것은 누구의 사랑인가? 우리의 자연적 사랑이 정결해지고 어떤 거룩한 것으로 바뀐 것일까? 그렇지 않다. 하나님의 사랑이 성령에 의해 우리의 마음 속에 환히 비춰진 것이다.(로마서 5:5을 보라) 하나님의 놀라운 사랑이 우리 마음을 채우며 바로 그 사랑만이 우리로 하여금 원수를 사랑할 수 있게 만든다.

스데반이 돌에 맞아 순교할 때 "주여, 이 죄를 그들에게 돌리지 마옵소서" 하고 부르짖은 것은 무엇 때문이었을까? 스데반은 시늉으로만 그런 말을 한 것이 아니다. 또한 위기의 순간에 취한 영웅적 행동만도 아니다. 스데반이 살인자들을 축복할 수 있었던 것은 하나님의 사랑이 성령에 의해 마음 속에 환히 비춰졌기 때문이다. 은혜의 보좌에서 강물이 흐르듯, 스데반의 마음에서 하나님의 사랑이 흘러넘쳤다. 십자가에 달리신 예수님께서 "아버지 저들을 사하여 주옵소서. 자기들이 하는 것을 알지 못함이니이다 눅 23:34" 하고 말씀하실 수 있었던 것도 사랑 때문이다. 그 순간, 예수 안에 있던 하늘의 사랑이 잠깐 땅을 방문했던 것이며 스데반이 돌에 맞았을 때도 다시 방문했던 것이다.

예수와 스데반이 거의 똑같은 말을 한 것은 결코 우연이 아니다. 스데반은 자기 주님을 흉내내려 했던 것이 아니고 예수도 믿는자들이 열심히 본받아야 할 유일한 본보기로서 자신을 내세우려 하셨던 것이 아니다. 예수와 스데반이 똑같은 말을 한 것은 두 사람 모두에게 똑같은 사랑이 있었기 때문이다. 두 사람 마음에 모두 하나님의 사랑이 있었다. 예수가 사랑을 가지신 것은 예수가 곧 하나님이셨기 때문이며 스데반이 사랑을 가진 것은 그리스도가 그 안에 계셨기 때문이다.

인간의 사랑은 더 나아질 수 있다. 그러나 백년을 살더라도 인간의 사랑을 하나님의 사랑과 같게 만들 수는 없다. 하나님의 사랑을 어떻게 얻을 수 있을까? 하나님이 주시며 성령이 나누신다.

그렇게 우리는 하나님의 사랑을 받으며 또한 그렇게 하나님의 믿음을 받는다.

산에서 온 기쁨

성령의 열매로 두번째 언급된 것은 "기쁨 (희락)"이다. 이 기쁨은 어떤 것일까? 우리의 상황이나 환경과 관계가 있는 것일까? 기쁨은 어떻게 얻을수 있을까?

몇년 전 가난에 찌든 사람들이 많이 사는 지역의 집회

에 강사로 나선 적이 있다. 어느 날 저녁, 집회가 시작되기 전에 설교를 위해 조용히 묵상할 시간을 얻으려고 사람들을 피해 차를 몰고 밖으로 나갔었다. 집회장에서 10km가 채 안되는 곳에 이르렀을 때 두 남녀가 네 명의 아이들과 함께 숲에서 나와 걸어 가는 것을 보았다. 그들은 모두 맨 발이었다. 어른 두사람은 신발을 손에 들고 걷고 있었고 나머지 아이들은 아예 신발이 없었다. 나는 차를 세우고 그들을 불렀다. 그들은 웃음띤 얼굴이었지만 좀 수줍어하면서 차에 올라탔다. 그들은 집회에 가는 길이었다. 집회장 현관에서 부모와 제일 큰 아이는 신을 신었다. 그들은 차를 얻어탄 것에 대해, 그리고 내가 집회 기간 동안 저녁마다 숲으로 데리러 가겠다고 한데 대해 너무 고마와했다.

낯설음과 부끄러움이 걷히면서 그들은 저녁마다 집회에 가는 길에서 간증하고 노래하고, 노래하고 간증하기를 되풀이했다. 그들의 기쁨은 풍성하기 그지없어서 흡사 내 영혼의 원기를 북돋아주는 강장제였다. 그것은 내가 설교를 하는데 큰 도움이 되었다. 나는 이야기를 나누다가 그들이 신발을 들고 다닌 까닭이 콘크리트 길에 신발 바닥이 닳지 않게 하려고 그런 것이며, 그들이 내가 알아온 그 누구들보다 더 가난한 사람들이라는 것, 그리고 그들이 사는 곳은 몇 킬로 뒤에 있는 산 이라는 사실을 알았다. 동시에 나는 그들이 큰 집에 살면서 이 덧없는 세상에서 필요 이상으로 많은 재산을 소유하고 있는 사람들보다 훨씬 더 부자라는 것도 알았다.

집회도 거의 끝나갈 무렵의 어느날 밤, 나는 그들 중 아버지에게 말했다. "형제님, 아마 주님께서 더 좋고 더 넓은 집을 주실 날이 올겁니다. 주님께서는 영적으로뿐 아니라 세상적으로도 복을 주시는 일이 많지 않습니까? 성경을 보면…"

그 형제가 내 말을 끊었다. 행복한 미소가 그의 얼굴에 스치더니 이렇게 노래를 시작하는 것이었다.

장막이든 초막이든 내게 관계 없도다.
저 위에서 날 위해 궁전을 지으시네.
본향을 떠나 멀리 왔으나 나는 노래하려네.
모든 영광 하나님께. 나는 왕의 자녀라네.

꼬마들이 아버지의 노래를 돕기 시작하더니 그의 착한 아내도 함께 노래를 했다. 그는 노래를 마치자 "프라이스 형제님. 내게 행복을 주시려고 큰 집이 생길 거라는 말씀 같은 건 하실 필요 없어요. 주님께서 집을 주시면 주님께 감사드리겠지만 세상의 모든 돈을 준다해도 팔지 않을 무언가가 내 마음 속에 있어요. 그건 성령의 기쁨입니다."

내가 하고 싶은 말이 그것이다. 아침에 일어나서 "오늘은 기쁨이 가득 차게 될 날이다. 나는 오늘 굉장히 기쁠 것이다. 기쁨을 많이 가지기로 작정했으니까" 하고 말할 수는 없는 일이다. 그런 기쁨은 있을 수도 있고 없을 수도 있다. 세상에 속한 사람은 환경의 장난감이요 상황의 노예인 그런 합성된 기쁨을 가질 수 있다. 그러나 기독교인들은 성령 안에서 나눠받은 기쁨을 가질 수 있으며, 삶의 조건이 어떠하든 그 기쁨이 흘러넘치게 할 수 있다. 그런 기쁨은 환경의 지배를 받지 않으며 상황의 노예도 아니다. 그것은 하나님의 선물이다.

평화, 완전한 평화

바울의 목록 중 세번째는 "평화 (화평)"이다. 예수님께서 "나의 평안을 너희에게 주노라"고 말씀하신 그 날은 제자들에게 얼마나 놀라운 날이었을까? 그것은 세상이 아는 것과는 다른 평화다. 세상의 평화는 거짓되고, 약하고, 천박한 것이며, 환란의 바람이 불어오면 어느 순간에라도 폭풍으로 몰아칠 수 있는 것이다.

주님이 주시는 평화는 인간의 모든 이해를 초월하는 것이다 (빌립보 4:7을 보라). 그 평화는 너무도 깊어서 어떠한 표면의 환란도 영향을 미칠 수 없으며, 너무도 신령해서 어떤 인간의 손으로도 거기에 접근해서 물리칠 수 없으며, 너무도 충만해서 영혼의 모든 부분을 감화한다. 사람들이 예수를 불경죄로 고소해서 예수님께서 대제사장 앞에 서 계셨을 때 "침묵하시"게 한 것도 그 평화였다 (마태 26:63을 보라).

당신께 묻겠다. "당신은 그런 평화를 만들어 낼 수 있는가? 정신적 태도의 스위치 조작으로나 외모의 변화나 그 밖의 다른 방법이나 공식으로 평화를 가져올 수 있는가?"

물론, 아니다! 평화를 얻는 길은 오직 하나 뿐이다.

> 아무것도 염려하지 말고 다만 모든 일에 기도와 간구로 너희 구할 것을 감사함으로 하나님께 아뢰라. 그리하면 모든 지각에 뛰어난 하나님의 평강이 그리스도 예수 안에서 너희 마음과 생각을 지키시리라. 빌 4:6-7

그것은 하나님의 평화로서 성령이 나누어주신 것이다. 우리가 할 일은, 모든 염려와 필요를 주님 앞에 내려놓고 응답을 기다리는 동안 주님의 평화를 받는 것이 전부다. 그것이 그리스도 중심적인 삶, 곧 하나님 안에서 그리스도와 함께 감추어진 삶의 아름다움이다.

믿음도 마찬가지이다. 하나님은 믿음을 우리가 가지고 놀다가 스스로를 파멸시킬 장난감으로나, 그밖에 하나님의 뜻에 어긋나는 일에 쓸 것으로 주시지 않는다. 하나님은 나의 필요를 아신다. 그리고 당신의 필요도 아신다. 하나님은 "정직하게 행하는 자에게 좋은 것을 아끼지 아니하실시 84:11" 것을 약속하셨다. 그러므로 우리는 그 약속 안에서 평온을 누린다. 하나님께서 우리 안에 계시듯 우

치유을 위한 참 믿음

리도 하나님 안에 거한다 (요 15:4를 보라).

하나님께서 우리와 함께 계시며 우리를 아시며 우리를 돌보심을 안다면 "하나님을 사랑하는 자 곧 그의 뜻대로 부르심을 입은 자들에게는 모든 것이 합력하여 선을 이루^{롬 8:28}"는 것을 아는 지식에서 영원히 샘솟는 기쁨을 알기에 충분하다. 당신의 삶 가운데 하나님의 뜻이 펼쳐지는 과정에서 믿음이 필요할 때가 생기면, 하나님께서 믿음 주시기를 아끼지 않을 것을 나는 확신한다. 모든 선한 선물, 완전한 선물을 주시는 분이 곧 믿음의 주요 또 온전케 하시는 분이시기 때문이다.

11

진흙으로 만든 그릇

The Real Faith For
Healing

그리스도의 구속 사역은 전인, 곧 몸과 영과 혼을 포괄한다. 육신의 소용물까지도 포괄한다. 예수님께서는 "무엇을 먹을까 무엇을 마실까 무엇을 입을까 하지 말라. 너희 하늘 아버지께서 이 모든 것이 너희에게 있어야 할 줄을 아시느니라. 그런즉 너희는 먼저 그의 나라와 그의 의를 구하라. 그리하면 이 모든 것을 너희에게 더하시리라"고 말씀하셨다. 이는 직설적이고도 분명한 선언이다. 우리의 하늘 아버지는 우리가 필요한 것을 아시며 우리가 필요한 것을 채워주겠다고 약속하셨다.

이처럼 영적인 것과 현세적인 것은 밀접히 연결되어 있기 때문에 주님의 제자들은 현세적인 것을 구하지 말고 영적인 것을 구해야 한다. 먼저 하나님의 나라를 찾아 거기에 들어가면 우리 삶의 모든 필요를 충분히 채워주심을 보게 될 것이다. 이것이 우리 주님의 직접적인 약속이다.

열왕기상 17장에 있는 엘리야의 이야기를 읽어보라. 거기에는 하나님께서 까마귀를 통해, 그리고 가루 한줌 밖에 없는 과부를 통해 엘리야를 먹이신 이야기가 있다. 과부의 가루 통에 가루가 떨어지지 않는 것은 그 과부가 하나님의 창고에 아낌없이 자기 것을 공급했기 때문이다. 하나님께서 가루를 공급해주신 것은 과부가 그것을 구했기 때문이 아니라 그가 하나님께 순종했기 때문이다.

순서는 언제나 "먼저 하나님의 나라를 구하라"이다. 바로 그 때문에 우리는 현세적인 것을 영적인 것 아래에 두어야 하며 우리가 가진 아담의 본성 전체를 제단 위에 올려놓아서 그리스도로 하여금 영적으로, 그리고 육신적으로 그리스도께서 스스로 약속하신 그런 분으로서 우리와 같이 계실 수 있게 해야 한다.

주님의 순서는 언제나 창조와 재창조이다. 처음에는 현세적인 것이며 나중에 영적인 것이다. 예레미야서에 이런 말씀이 있다.

여호와께로부터 예레미야에게 임한 말씀에 이르시되
너는 일어나 토기장이의 집으로 내려가라. 내가 거기에서
내 말을 네게 들려 주리라 하시기로
내가 토기장이의 집으로 내려가서 본즉 그가 녹로로 일을
하는데 진흙으로 만든 그릇이 토기장이의 손에서 터지매
그가 그것으로 자기 의견에 좋은대로 다른 그릇을 만들더
라. 그때에 여호와의 말씀이 내게 임하니라. 이르시되
여호와의 말씀이니라. 이스라엘 족속아, 이 토기장이가 하
는 것 같이 내가 능히 너희에게 행하지 못하겠느냐? 이스
라엘 족속아, 진흙이 토기장이의 손에 있음 같이 너희가
내 손에 있느니라. 렘 18:1-6

하나님은 결코 "미봉책"을 쓰시지 않는다. 가장 악한 죄인이라도 자신을 주님의 손에 맡기면 "새로운 피조물"이 된다. (고후 5:17을 보라). 질병은 육신의 것이라도 치유는

치유을 위한 참 믿음

영의 것이다. 흠이 있는 그릇은 다시 토기장이이신 하나님의 손으로 돌려져서 하나님 의견에 좋은대로 다른 그릇을 만드실 수 있도록 해야 한다.

:: 완전한 일 ::

사람들은 대부분 육신의 치유만을 간구한다. 주님은 사람들의 영혼을 만져주시기를 원하시는 때가 많은데 사람들은 주님께서 자기 몸을 만져주시기를 원한다. 하나님은 영이시며, 치유에 필요한 부활의 생명의 흐름은 육신이 아닌 영을 통해 와야 한다. 예수님께서 "내가 온 것은 너희로 생명을 얻게 하고 더 풍성히 얻게 하려는 것"이라고 말씀하셨던 것은 영원한 생명만을 말씀하신 것이 아니라, 우리 존재의 모든 원자들에게까지 스며들고 주님의 영광으로 흠뻑 적시게 하는 주님의 부활 생명을 말씀하신 것이다.

사람들은 대부분 치유는 구하면서 치유자는 구하지 않는다. 그런 사람들의 기도가 아무 소용이 없는 것처럼 보일지도 모르지만 헛된 간구라는 것은 있을 수 없으며 오늘 기도의 응답이 없다고 해서 내일도 응답이 없으리라는 법도 없다. "사랑하는 자여, 네 영혼이 잘됨 같이 네가 범사에 잘되고 강건하기를 내가 간구하노라"요3 1:2 외적 변화는 필연적으로 내적 변화에 의해 대체되는 일이 많다. 성령에 의한 내적 변화가 먼저 일어나고 그것이 외적으로 드러나게 된다.

요한의 서신은 치유의 주제에 대해 신령한 빛을 비춰준다. 여기에는 전인적인 형통함이 있다. 그러나 형통과 강건은 영혼의 형통에 달려 있다. 그렇기 때문에 누가 만약 "주님께서 날 고쳐주시면 평생 주님을 섬기겠습니다" 하고 말한다면 그것은 말 앞에 수레를 두는 격이다. 그런 사람들은 하나님의 능력이 안에서 밖으로만 움직이는데도 그 능력이 밖에서 안으로 나타나기를 구하는 셈이다. 주님의 부활 생명의 치유 광선은 밖에서 우리를 비추는 것이 아니라 우리 내부에서 우리를 비춰준다.

"예수께 오라"고 노래하는 것은 좋다. "예수님께서 내게 오셨네" 하고 말하는 것은 더 좋다. 그러나 가장 좋은 것은 "예수님께서 내 마음에 계시네" 하고 선포할 수 있는 것이다. 치유가 필요한 기독교인은 장로들을 찾아가야 하고 거룩히 구별된 사람들을 찾아 기도를 부탁해야 하지만 그러나 그것이 하나님의 궁극적인 뜻은 아니다. 그리스도 안에서 우리에게는 제사장이 필요 없다. 그리스도가 바로 우리의 "대제사장"이시기 때문이다.[히 4:14] 그리스도 안에서 우리에게는 중보자도 필요 없다. "그리스도가 하나님과 사람 사이에 중보자[딤전 2:5]"이시기 때문이다

우리는 그리스도께 우리의 전 존재를 드린다. 전 존재를 바치고 항복한다. 주님께서 하시고자 하는대로 하시도록 드린다. 우리는 우리의 진흙 그릇을 하늘 토기장이의 손에 맡긴다. 하늘 토기장이는 그것을 가지고 원하시는대로 다른 그릇을 만드신다. 우리 그릇이 깨지더라도 그분은 그것을 던져 버리시지 않는다. 자비와 사랑으로 우리를 다시 빚으셔서 몸과 영과 혼의 치유를 위해 자기 자신을 우리에게 나누어주신다.

:: 원인을 찾으라 ::

예수께만 적용시키고 우리에게는 적용시키고 싶지 않은 성경구절이 있다. "그가 아들이시면서도 받은 고난으

로 순종을 배워히 5:8" 죄 없는 하나님의 아들이신 우리 주님이 그러하실 정도라면 우리의 고난도 때로는 순종을 가르치기 위해 오는 것일 수 있지 않을까? 만약 그렇다면 우리는 치유가 아닌 치유자를 구해서 우리의 고난의 원인을 배워야 하지 않을까? 우리는 결과만을 추구하는 경향이 있어서 언제나 결과를 기다리고 결과를 위해 기도하지만 원인을 찾는 은혜를 구하는 것이 우리 아버지를 더 기쁘시게 해드리는 일이다. 그래서 우리가 무엇을 하느냐보다 우리가 누구냐 하는 것이 훨씬 더 중요하다.

:: **우리가 멈출때 하나님은 시작하신다** ::

우리는 산을 옮길만한 믿음에 대해 읽으면서 곧바로 산을 옮길 믿음을 구하기보다 먼저 산을 바라보기에 바쁘다. 예수는 우리 믿음의 주요 또 온전케 하시는 분이다. 그러므로 예수 안에서 믿음이 시작되고 예수 안에서 끝난다면, 오직 예수만이 믿음을 나눠주실 수 있는데 왜 우리가 믿음을 만들어내기 위해 몸부림하는가? 사랑으로 함께 하시는 하나님은 얼마나 감미로우며 하나님의 믿음이 역사하고 하나님의 능력이 나타나는 것은 얼마나 놀라운가? 우리 혼자서는 아무것도 할 수 없다. 전혀 아무것도 할 수 없다.

우리는 현실적인 것들에 너무 바쁘고 끝도 없는 세상일에 지쳐서 "내게 와서 쉬어라. 네 지친 영혼을 뉘어라. 네 머리를 내 가슴에 뉘어라"고 말씀하시는 예수의 목소리를 듣지 못한다. 그 소리를 들을 수 있을 때 우리가 주님을 믿는 것이 아니라 주님의 믿음이 우리 안에서 역사하신다는 것을 알게 된다. 치유는 우리 기도의 능력에서 오는 것도 아니고 뇌성벽력같은 우리의 간구 소리에서 오는 것도 아니다. 치유는 성령의 아름다운 움직임에서 오는 것이다. 몸과 영과 혼의 치유를 받고 우리 주님의 재창조 능력의, 살아있는 기적이 된 한 여자는 "내가 멈췄을 때 예수님께서 시작하셨다"고 말했다.

"나는 할 수 없지만 주님은 하실 수 있습니다"고 말하는 시점에 이르렀을때 우리는 치유에 가장 가깝게 된다.

12

생명수

The Real Faith For
Healing

 예수님께서 태어나셨을 때 여관에는 방이 다 차서 예수를 모실 빈 방이 없었다. 거기에는 우리를 위한 영적 교훈이 있다. 사도 바울은 하나님의 영을 받아 이렇게 쓰고 있다:

> 내가 하늘과 땅에 있는 각 족속에게 이름을 주신
> 아버지 앞에 무릎을 꿇고 비노니
> 그의 영광의 풍성함을 따라 그의 성령으로 말미암아

치유을 위한 참 믿음

너희 속사람을 능력으로 강건하게 하시오며

믿음으로 말미암아 그리스도께서 너희 마음에 계시게 하

옵시고… 엡 3:14-17

우리에게 믿음이 있고 그렇게 하고자 하는 마음이 있다면 그리스도는 능력으로서 우리 마음에 계실 것이며, 거기로부터 우리 삶을 다스리고 인도하실 것이다. 그리스도는 우리 안의 능력이 되시며 우리 삶의 빛이 되실 것이다. 그러나 그리스도께서 오셔서 우리 마음의 방들이 꽉차있어서 그리스도를 모실만한 방이 없는 것을 보시면 들어오시지 않을 것이며 더 나아가 들어오시지 못할 것이다.

그리스도의 오심으로 생명과 빛과 건강이 뒤 따라오는 것을 알기만 한다면 그리스도를 모실 자리에 우리의 이기적이고 육적인 탐욕과 계획을 가득 채워서 그리스도를 쫓아내는 일은 하지 않을 것이다. 우리의 질병과 슬픔을 지신 그리스도는 우리 마음에 거하시며 우리에게 평화와 안식과 기쁨을 주길 원하신다.

예수님께서는 "인자가 올 때에 세상에서 믿음을 보겠느냐? 눅 18:8 "고 말씀하셨다. 거기에서 한걸음 더 나아가보자.

예수님께서 이 세상 안에서, 우리가 거하고 있는 이 진흙으로 된 몸 안에서 믿음을 찾으실 수 있을까? 행위에 대한 관심을 좀 더 줄이고, 성경 해석에 대한 속좁은 논쟁을 버리고 마음 문을 활짝 열어 그리스도께서 들어오실 수 있게 한다면, 초대 교회의 능력과 영광을 다시 회복할 수 있을 것이다. 그렇게 순종하면 하늘의 천군천사들도 기뻐할 것이다.

당신은 예수를 위해 빈 방을 준비할 만큼 예수를 믿는가?

:: **안에서 밖으로** ::

그리스도는 하나님 아버지께서 보내신 선물을 우리 문 앞에 갖다놓고 다시 가버리는 우체부로서 오시지 않았다. 어떤 사람들은 성경을 우편 주문용 카탈로그처럼 사용한다. 그들은 아버지께 자기들이 원하는 것을 부탁해 놓고 그런 뒤에 하늘 천사들이 그것을 가져다주기를, 그럼으로써 자기들이 원한대로의 필요와 욕구가 채워지기를 기대한다. 그러나 그리스도께서 가져다주시는 빛은 밖에서 안으로 비추는 것이 아니라 안에서 밖으로 비추는 빛이다.

어떤 선물을 나눠주시든 그리스도께서 관리하시고 운용하신다. 그리스도가 빛을 주시는 것이 아니라 그리스도가 곧 빛이다. 그리스도가 강건을 나눠주시는 것이 아니라 그리스도가 곧 강건이다. 그리스도께서 내 안에 계심을 늘 인식하는 것이 우리를 그리스도와 온전히 하나 되게 하는 길이다.

우리 마음 속에 그리스도를 영접할 방은, 자아(自我)에 대한 우리의 항복과 죽음의 정도에 따라 성령에 의하여 만들어진다. 그에 따른 변화는 그 무엇보다도 영적인 것이 된다. 또는 이제껏 알아왔던 그 어떤 것보다도 더 큰 평화와 영적 안녕의 느낌이 된다.

그것이 무엇이든 우리 마음의 방들을 비우고 믿음으로 그리스도를 초청하면 그리스도께서 거기에 거하러 오셔서 그곳으로부터 우리 삶을 다스리고 인도하신다. 이러한 명백한 은혜의 체험 이후에는 그리스도의 자비의 잔이 넘치며 우리 육신은 그리스도의 부활 생명에 의해 양육되기 시작한다. 몸부림 대신 평화가 온다. 고뇌 대신 안식이 온다. 그리스도께서 내 안에 거하신다는 의식, 그리스도께서 내 삶을 친히 짊어지신채 다스리신다는 의식이 "너희는 가만히 있어 내가 하나님 됨을 알지어다" 하고 말씀하시는 것을 듣는 우리에게 복된 고요를 가져온다.

:: 위대하신 의사, 예수 ::

집에 병자가 생겨서 의사를 부르면 의사가 집으로 와서 검진을 한다. 의사가 가장 먼저 해야 할 일은 무엇이 문제인지를 가능한 한 밝혀내는 것이다. 그리고 나서 어떤 결론에 도달하면 치료를 위한 처방을 한다. 환자가 기다리는 것이 바로 그 치료이다. 의사는 치료를 위한 수단일 뿐이다. 의사는 메모장을 꺼내서 처방전을 쓰고 누군가가 약국으로 가서 약이나 그밖에 처방전에 적힌대로 뭔가를 가져온다. 환자는 그 치료에 확신을 둔다. 환자는 그 처방한 약에 병이 낫는 길이 있기를 바란다. 환자가 의사에게 두었던 믿음이나 신뢰는 의사가 치료법을 알고 있으며 또 의사가 처방전을 제대로 알고 쓰고 있다는 소망이 있을 때까지이다. 일단 약을 받게 되면 환자는 의사는 잊고 약이 효력을 나타내기만을 기다린다.

이것은 주 예수의 경우와는 얼마나 다른가!

예수의 덕은 무엇을 처방하느냐를 비롯해서 이런 행위, 저런 행위에 있는 것이 아니다. 심지어 "어떻게 치유함을 받느냐"를 아는데 있지도 않다. 덕은 주 예수 그리스도의 인격에 있다. 예수는 병들고 죄많은 우리의 상태에서 불결함을 보시며 유일한 치료는 성결 뿐임을 알고 계신다. 우리도 그 처방을 읽은 까닭에 나름대로 성결해지려고 몸부림치는 잘못을 저질렀다. 예수를 떠나서 성결이란 있을 수 없다. 성결이란 예수님께서 우리에게 주시는 그 무엇이 아니라 예수 자신이 바로 성결이다. 그리스도께서 가지신 것이 곧 그리스도시며 그리스도께서 주시는 것이 곧 그리스도시다.

어떤 이들은 제단으로 나아가 거룩함을 위해 기도하며 이따금 펄쩍 뛰어오르면서 "주님을 찬양하라. 그가 나를 거룩케 하셨다"고 말한다. 그러나 그리스도는 누구에게도 거룩함을 주시지 않는다. 그리스도가 우리의 거룩함이시다! 그리스도의 생명이 우리 삶에 넘쳐흐를 때 우리는 진정으로 그리스도 안에서 거룩해진다. "너희는 하나님으로부터 나서 그리스도 예수 안에 있고 예수는 하나님으로부터 나와서 우리에게 지혜와 의로움과 거룩함과 구원함이 되셨으니 기록된 바 자랑하는 자는 주 안에서 자랑하라 함과 같게 하려 함이라^{고전 1:30-31}"

신령한 치유에 대해서도 같은 말을 할 수 있다. 우리는 약을 처방하지도 않고 병자에게 "이런 일도 하고 저런 일도 해야 합니다. 그래야 주님께서 치유의 능력으로 당신을 만져주실 겁니다" 하고 말하지 않는다. 우리 자신의 의로 의롭다 함을 얻거나 우리가 준비함으로 준비되는 그런 성질의 것이 아니다. 야고보 5:15에서 말하듯이 "혹시 죄를 범하였을지라도 사하심을 받"는다. 가난하고 깨어지고 병든 사람들에게 필요한 것은 그들이 아무리 자격이 없다 해도, 더 나아가 죄 가운데 있다 하더라도, 주님께 온전히 항복하며 나아와 주님으로 하여금 자기 마음 속에 거하시게 하는 일이다.

:: 승리의 길 ::

그런 까닭에 우리에게는 자기 자신에 대한 죽음이 있어야 한다. 예수님께서 주님이시며 머리 되신다는 사실에 대한 시인이 있어야 한다. 예수가 우리를 위한 구세주셔야 하며 우리를 다스리는 주님이셔야 한다. 그것은 우리의 뜻이 아니라 온전히 주님의 뜻이어야 하며, 주님의 뜻과 우리의 뜻의 혼합이 되어서도 안된다. 겟세마네 동산의 나무숲 아래에서 우리 주님은 "만일 할만하시거든 이 잔을 내게서 지나가게 하옵소서" 하고 부르짖으셨다. 그런 다음 주님은 하나님께, 그리고 아버지의 목적과 뜻에 완전히 자신을 내맡기고 "그러나 나의 원대로 마옵시고 아버지의 원대로 하옵소서" 하는 말로 마치셨다. 부활에 이르는 유일한 길은 겟세마네를 통하는, 그리고 겟세마네를 거쳐 십자가로 가는 것 뿐이었으며 주님은 우리를 같은 길, 같은 곳으로 인도하신다. "내가 살아 있고 너희도 살아 있겠음이라." 예수의 말씀이다. 그러나 주님의 부활 생명에는 반드시 우리의 죽음이 선행되어야 한다. 겉으로는 좋아 보일 수도 있는, 우리가 가진 아담의 본성은 죄의 시인과 함께 십자가로 가야 한다. 옛날처럼 오늘날에도 하나님께 가증한 것은 "다 죽여야" 하며 "우리의 의, 즉 자기 의는 다 더러운 옷같다" (사 64:6을 보라). 그리스도는 우리에게 의가 되셨고 그리스도의 의로운 삶만이 우리 안에, 그리고 우리를 통해 사셔야 한다 (고전 1:30을 보라). 이것이 우리의 유일한 승리의 길이며 다른 길은 없다.

:: 생명의 길 ::

예수의 지상 사역 시기에 바리새인들은 "보라, 여기에 진리가 있다" 하고 외쳤고 사두개인들은 "아니다. 진리는 여기에 있다"고 맞받았다. 그리스의 철학자들은 오랫동안 자기들에게 진리가 있다고 주장했다. 그러나 우리의 복되신 주님은 "내가 곧 길이요 진리요 생명이니 나로 말미암지 않고는 아버지께로 올 자가 없느니라"는 한 마디 선언으로 그들 모두를 침묵케 하셨다. 오늘날에도 다를 바가 없다. 예수는 우리의 길이시다. 예수는 우리의 진리이시다. 예수는 우리의 생명이시다. 다른 길은 없다. 다른 진리는 없다. 다른 생명은 없다. 길이요 진리요 생명이 우리 안에 거하신다. 그러나 예수님께서 얼마나 역동적으로 우리 안에서 활동 하시는가는 전적으로 우리가 얼마만큼 예수께 복종 하는가에 달려 있다.

완전한 복종에는 약간의 아픔이 있을지도 모른다. 그러나 진리의 영이 우리를 그 지점까지 인도하셔야 우리의 변덕스런 마음에 영광의 주님께서 거하실 수 있으며 그런 후에는 변덕이나 흔들림이 다시는 없을 것이다.

한 여자가 시험 중에 "이 십자가를 견딜 수 없어요" 하고 외쳤다. 하나님의 음성이 들려왔다. "그러면 내가 이 십자가를 가져 가기를 원하느냐?" 여자가 채 대답도 하기 전에 반짝하는 놀라운 깨달음이 그녀에게 왔다. 그 십자가가 제거되고 나면 더 험한 십자가, 더 감당하기 어려운 십자가로 대체 되리라는 것이 깨달아졌다. 그래서 여자는 십자가를 제거해달라고 기도하지 않았다. 오히려 여자는 곧바로 이렇게 기도했다. "그 십자가를 내게 맡겨주세요." 그 십자가를 맡음과 함께 하나님께서 몸소 일으키신 영광스런 계시의 빛이 임했다. 여자의 십자가 짐 아래에서 영원하신 팔이 그 짐을 들어올리자 여자의 마음에 부활 생명이 파도처럼 밀려오더니 십자가가 왕관으로 바뀌는 것이었다.

항복은 얼마나 놀라운 특권이요 기쁨인가! 우리의 모든 것을 주님 발 아래 놓으라는 초대는 얼마나 복된가! 주님의 것과 비교할 때 우리의 이해는 얼마나 짧은가! 그리스도 안에서 성취된 하나님의 뜻에 비추어볼 때 우리가 가진 아담의 의지는 얼마나 허점투성이인가! 사랑하는 이여, 지름길은 있을 수 없다. 다른 길로 오르고자 하는 자는 절도요, 강도라고 하나님의 말씀은 선언하고 있다. 주 예수 그리스도만이 하나님께 이르는 유일한 문이다. 예수로 말미암지 않고는 아버지께로 갈 사람이 없다. 다음과 같이 추억하며 간증하는 것은 얼마나 감미로운가!

  주 예수 내가 알기 전 날 먼저 사랑했네.
  그 크신 사랑 나타나 내 영혼 거듭났네.
  주 내 맘에 계시고 나 주의 안에 있어
  저 포도비유 같으니 참 좋은 나의 친구.

우리는 하나님 아버지께서 그리스도 안에서 우리를 보고 계신다며 교리적으로 말하기를 좋아하지만 내 마음 속에 속삭임으로 들려오는 진리는 아버지께서 먼저 우리 안에 계신 그리스도를 보신다는 것이다.

치유을 위한 참 믿음

13

살아 있는 말씀

The Real Faith For
Healing

예수님께서 이땅에 오시기 전에 하나님의 백성에게는 선포되고, 기록된 말씀밖에 없었다. 하나님은 그 분의 생각을 선택된 소수에게만 다양하게 계시하셨고 그들에게 영감을 주셔서 성경을 쓰게 하심으로써 다른 사람들도 성경을 읽고 기록된 말씀의 빛을 의지해 행할 수 있도록 하셨다. 그러다가 마침내 "말씀이 육신이 되어 우리 가운데 거하시"는 날이 이르렀다. 요 1:14

위에 인용한 킹 제임스 번역본에는 "말씀이 육신으로

만들어졌다(made)"고 되어 있으나 이는 후의 다른 번역본들처럼 "말씀이 육신이 되었다(became)"로 번역되어야 한다. "만들어졌다"는 단어는 어떤 새로운 것, 이전에 존재하지 않았던 것을 가리키며 따라서 새로 생겼거나 새로 만들어진 것을 의미한다. 그러나 영원한 말씀은 하나님과 함께 선재하셨으며 말씀이 곧 하나님이셨다. 그리고 이 땅에 오셨을 때에도 어떤 새로운 것, 만들어진 것으로서 오신 것이 아니라 새로운 계시로서 오신 것이다. 말씀이 육신이 "되셨다." 다시 말해 인간의 몸으로 장막 삼으셨다.

기록된 말씀이 하나님의 생각이라면 살아 있는 말씀은 그 생각의 구현이 되었다. 즉 생각이 우리 주 예수의 인격으로 구현되었다.

예수님께서 하신 모든 말씀마다 "내가 온 것은 생명을 얻게 하고 더 풍성히 얻게 하려는 것이라요 10:10"는 진리가 스며있는 것도 그런 까닭이다. 예수님께서 하신 말씀은 영이며 또 생명이다. 예수는 "참 빛, 곧 세상에 와서 각 사람에게 비추는 빛요 1:9"이다. "하나님은 빛이시라. 그에게는 어둠이 조금도 없으요1 1:5"시기 때문이다. 예수를 따르는 사람은 어둠에 다니지 않고 생명의 빛을 얻는다.

그리스도는 우리의 생명이시다. 그는 우리의 치유이시다. 그는 우리의 힘이시다. 책에 적힌 말씀이 아니며 기록된 말씀에 대한 우리의 잘못된 해석도 아니고, 육신이 되신 하나님의 말씀이며 살아 있는 말씀이다. 한 때 우리 가운데 거하셨던 하나님의 말씀이 이제는 우리 안에 거하시는 살아 있는 말씀이다. 그는 하나님의 말씀의 구현이었으며 사람들 사이에 사시고 활동하셨던 하나님의 말씀이었다. 우리 또한 그렇게 될 수 있으니 이는 우리 안에 계신 하나님의 생명으로 우리가 영광에서 영광으로 하나님의 형상으로 변화되었기 때문이다.

많은 사람들이 하나님의 말씀 중 일부를 취하여 그것을 중심으로 해서 놀라운 설교들을 세웠다. 그리스도는 본받아야 할 이상적인 모범이 되었고 우리의 삶과 행위의 전형이 되었다. 그 나름대로 그것은 좋다. 하지만 그것은 그리스도 예수 안에서 하나님이 가지신 더 높은 뜻을 미처 보지 못한 것이다. 예수님께서 말씀하신 것은 예수의 존재에 대한 거룩한 계시였다. 예수님께서 하신 말씀과 행하신 일들은 예수 자신이 누구신가에 대한 외적 표현으로서 눈부시게 빛나는 영광이었다.

바울은 예수에 관해 더 알 수 있는 지혜를 달라고 하지 않았다. 그는 자기 존재의 가장 깊은 곳에서 갈급함으로 부르짖었다. "무엇이든지 내게 유익하던 것을 내가 다 해로 여길 뿐더러 … 내가 그리스도와 그 부활의 권능을 알고자 하여.^{빌 3: 7}"

우리의 삶에 필요한 것은 이와 같이 그리스도와 하나가 되는 것이다. 예수처럼 되거나 예수를 닮고자 하는 노력을 멈추어야 한다. 왕을 직접 대면할 때에는 왕의 전기를 읽느라 오랜 시간을 소비할 필요가 없는 법이다.

:: 예수는 우리 생명 ::

예수에 관한 약속들은 예수의 하실 일 뿐 아니라 예수의 존재까지 포함한다. 예수님께서 우리를 위해 무엇을 하시느냐 뿐 아니라 예수님께서 우리 안에서 무엇이 되시느냐도 예수의 은혜로운 기적이다. 예수님께서 우리에게 오셔서 우리를 구원할 계획을 알려주시는 것도 놀라운 일이지만 그가 죽으심으로 그 구원이 되셨음을 깨닫는 것이야말로 말할 수 없이 소중하다. 구원은 받아들이면서 구세주는 거부할 수 있을까? 그리스도 없는 기독교가 있을 수 있을까? 영이 없는데 영적일 수 있을까? 교회 예식이 우리에게 아무런 도움도 되지 않는 것도 그때문이다. 많은 사람들이 사랑하시는 주님의 존재 그 자체를 다른 것들로 대체해버렸고 상한 영혼의 안식처를 의식에서 찾는 어리석음을 범하고 있다. 그렇게 함으로써 그들은 영광의 왕이 자기 마음 속에 들어오시는 것을 막아버리곤 한다.

우리 주님의 사역과 삶에서 두드러지게 나타나는 진리 중 하나는, 은혜와 그리고 하나님의 일에 대한 지식이 진보하고 자라는 특권에 관한 것이다. 사도 바울도 바로 이 영광스런 진리를 선포하면서 우리에게 성숙할 것을 권면했다. 성숙이라 함은 그리스도를 영접할 수 있는 영적 능력에 따라 마음의 이해를 주심으로써 그리스도 자신의 지식이 우리 안에서 막힘 없이 흐르는 것이다.

기독교인의 삶의 성장은 사실상 그리스도의 생명의 구현이 증대되는 것이다. "나를 믿는 자는 그 배에서 생수의 강이 흘러 나오리라." 이 부활 생명의 흘러넘침은 몸과 영, 혼 모두를 포괄하며 우리 주님의 거룩한 덕은 우리가 율법의 저주 아래 받았던 모든 것을 완전히 무효화하고 폐기할 것이다. 생명수의 흐름에는 치유도 포함된다. 아니 치유 이상을 의미한다. 그것은 건강의 영속화를 의미한다. 그리스도의 부활 생명이 우리 안에서 끊임없이 활동함을 의미한다.

:: 그리스도가 모든 것이시다 ::

그리스도께서 치시는 양들, 상황과 환경의 무서운 힘에 의해 심하게 매질을 당한 양들이 "내게로 오라"고 말씀하시는 선한 목자의 목소리를 다시 한번 들을 수 있으면 얼마나 좋을까! 우리 주변에 얼마나 많은 예식들이 있는가? 각자의 교리와 개인의 해석에 대한 주장들이 얼마나 난무하고 있는가? 치유의 능력자라 하는 사람들은 부끄럽게도 자기 상품을 팔기에 바쁘다. 그들은 치유받는 이런 저런 방법들을 크기별로 나누어 상품화하며 우리 주님의 속죄를 계량화해서 마치 햇빛을 병에 담아 파는 것과 같은 짓을 한다.

옛날에는 바리새인들과 사두개인들이 사람들에게 온갖 종류의 의무를 부과했다. 그런 의무를 다 감당해야 다양

한 종교 지도자들로부터 인정을 받을 수 있었다. 사람들은 남들이 다 알 수 있게 십일조를 내야 했다. 또 기도도 공개적으로 해야 했다. 해야 할 이런 일, 하지 말아야 할 저런 일이 있었다. 종교 지도자들은 사람들을 율법주의로 얽어맸으며 의식주의의 사슬로 사람들을 속박했다. 그러나 예수님께서 오셔서 그들의 전통적 신앙을 쓸어버리셨다. 예수는 그들의 선입견과 편견의 사과 수레를 뒤집어 엎으셨다. 예수는 자기 손길이 필요하다는 그 한가지 이유로 요일이나 방법에 구애를 받지 않고 안식일 율법을 무시하는 모습을 보이면서까지 치유를 행하셨다. 예수는 고통당하는 사람, 죄인, 억압받는 사람의 마음과 영혼을 직접 부드럽게 어루만지셨다.

예수는 "내게로 오라!"고 말씀하셨다. 그것이 전부다. 그들은 예수의 손길이 닿는 곳으로 나아오기만 하면 되었다. 이 문, 저 문을 지날 필요가 없었다. 예수가 오신 뒤로는 오직 한 문만 있었기 때문이다. 오직 길은 하나였다. 오직 생명은 하나였다. 오직 구원은 하나였다. 그 모든 것이 구주 안에 있었다. 그들은 예수께로 직접 나아왔다. 그러자 예수로부터, 예수의 무한한 덕의 샘으로부터 그들에게로 생명과 건강, 힘과 기쁨, 그리고 평화가 흘러들어갔다. 예수는 그들의 모든 것이셨다. 예수 외에는 필요한 것이 아무것도 없었다. 자기 의에 빠진 니고데모든 맹인 바디매오든 귀신들린 막달라 마리아든 누구에게나 예수는 하나님의 은혜의 무한한 샘이었으며 그들은 필요한 모든 것을 예수에게서 찾을 수 있었다.

우리는 얼마나 지적인 자가 되려고 애썼던가? 우리는 얼마나 문제를 복잡하게 만들었던가? 하지만 실제로 그것은 얼마나 단순했던가? 문제가 무엇이든 우리에게 필요한 것은, 사람들이 무어라 말하더라도 우리 스스로 예수를 만지기로 마음 속에서 결정하는 것 뿐이다. 그런 다음 우리는 무리를 뚫고 예수께 나아갔던 저 혈루병 앓던 여인처럼, 종잡을 수 없는 말로 다투는 사람들을 피하고 이런저런 모양으로 우리를 유혹하며 손짓하는 무리들을 뚫고서 영원한 평화이신 분, 우리 주 예수 그리스도 그분 앞에 서야 한다. 그의 자비한 얼굴에서 흘러나오는 햇빛이 우리의 마음을 녹일 것이며 우리 영의 문이 활짝 열려 "생명의 빛"이 흘러들어올 것이다.

치유을 위한 참 믿음

:: 받은만큼 ::

예수님께서는 "네 가난하고 상하고 황폐한 생명을 내게 주어라. 그러면 내 생명을 네게 주리라. 네 연약함을 내게 주어라. 인간을 향한 인간의 비정함으로, 죄스러운 상황 잔인함으로 다치고 멍든 너의 연약함을 내게 주어라. 그러면 내 용기와 내 힘과 능력을 네게 주리라. 너를 살리려고 내가 죽었다. 이제 네가 네 자아에 대해 죽으니 내가 네 안에 살겠다. 너를 위해 내가 하나님의 뜻에 순종했다. 이제는 네가 나를 통해 아버지의 뜻에 완전히, 그리고 철저히 순종해야 한다."

우리는 불순종 가운데 하나님을 떠났고 (아담 안에서 모두가 죽는다) 순종 가운데 다시 돌아왔다 (그리스도 안에서 모두가 산다). 그리스도 안에서 우리는 우리 창조주께서 친히 돌보시고 지키시는 품 안으로 돌아왔다. 하나님의 영광스런 영원한 하늘에서는 해도, 달도 필요없을 것이다. 어린 양 자신이 그곳의 빛이시기 때문이다. 하늘을 밝히는 빛은 우리의 혼을 밝혀주는 빛이기도 하다. 그리고 그 혼을 통해 영과 몸도 밝혀준다. 이런 삶에서 우리는 석회광을 찾을 것이 아니라 어린 양의 빛을 찾아야 한다.

결국 우리는 해야 한다, 해야 한다, 해야 한다고 배웠던 것을 대부분 던져버리거나 제쳐놓을 수 있다. 해가 밝게 비치는데 왜 작은 초에 불을 붙이려고 수고하는가? 우리의 하늘 아버지께서 중력과 달의 인력으로 너무나도 쉽게 밀물을 만드시는데 왜 우리가 바닷물을 다시 끌어오려고 애쓰는가? 자기 양떼가 맹목적인 미신에 홀려 이리저리 헤매는 것, 고침 받기 위해 이런 일도 해보고 저런 일도 해보는 것은 하나님의 뜻이 아니다. 하나님의 바램은 모든 자녀가 직접 그리스도를 만나 그리스도와 하나되어 사는 것, 그럼으로써 모든 사람이 그리스도를 통해 아버지께 나아오는 것이다.

그런데도 — 아! 이 얼마나 안타까운 이야기인가 — 그리스도께서 자기 땅에 오셨으나 자기 백성이 영접하지 않았다. 그리스도는 어둠을 밝히는 빛이었으나 어둠은 그것을 깨닫지 못했다. 그리스도는 모든 예언의 성취였으나 예언을 연구하는 사람들이 그를 알아보지 못했다. 그리스도께서 어려움 가운데 빠진 사람들을 부르셨으나 그들은 귀를 막고 미신과 우화를 따라갔다. 무지와 미신에 빠져 그들은 예수의 하신 말씀의 뜻은 커녕 그 말씀하신 것조차 알지 못했다. 그리스도는 자신이 하늘 양식이라고 말씀하셨으나 그들이 생각한 것이라곤 수백년 전 하늘로부터 광야의 열사 위에 내린 만나가 다였다. 예수님께서는 자신이 생명수 강이라고 말씀하셨으나 사람들은 머리 속에서 그들이 제단이라고 불렀던 돌 무더기 위에 떨어져내리는 물줄기밖에 생각하지 못했다. 오늘날처럼 그들은 무엇이든 믿고 무엇이든 행했으나 그냥 그리스도를 영접하는 것만은 하지 않았다.

그때는 왜 그랬고 지금은 또 왜 그럴까?

그리스도를 영접하는 것은 자아에 대한 권리를 그리스도께 내어놓음을 의미하기 때문이다.

그러나 그리스도께서 다스리시도록 마음 문을 열면 들어가게 되는 그리스도의 임재의 현실을 생각하면 우리가 얼마나 많은 것을 잃게 되는지! 그것은 말하자면 마음 속에 사자와 양이 함께 누워있는 것과 같다. 우리는 하늘 나라에서 그리스도와 동행한다. 그리스도께서 말씀하신다. 그 목소리가 너무 부드러워 바람도 소리를 내지 않고 폭풍도 숨죽이며 귀를 기울인다. 거룩하신 그리스도께서 거하시는 그 살아 있는, 고동치는 현실은 우리 존재의 가장 깊은 곳에서 분수 우물처럼 하늘 영광의 샘이 솟게 만든다. 거기엔 노력이 필요없다. 그리스도의 생명 강은 우리 본성의 모든 섬유조직마다 배어들기까지 흘러든다. 그렇게 되면 우리는 미처 진주로 된 문이 열리기 전에 벌써 경이와 사랑과 찬양의 바다에 빠져들게 된다.

인간의 영혼이 무조건 항복의 깃발을 들면 육신도 항복하며 생명의 주님이 다스리시게 된다. 그리스도는 모든 것이시며 모든 것 안에 계시다. 우리는 그리스도의 생명과 그의 치유와 그의 구원하시는 은혜와 그의 능력을 마신다. 그리스도의 완전한 사랑은 모든 두려움을 몰아내며 우리는 그리스도를 홀로 지혜로우신 하나님, 하나님과 우리 사이의 참 중재자, 인간 그리스도 예수로 배워나간다.

어쩌다가 우리 가는 길에 시험이 무거워지더라도 우리는 인간의 공적이 아니라 사랑으로 역사하는, 그리고 육신적이든 물질적이든 영적이든 모든 어려움을 이기는 그 믿음, 바로 우리 주 예수 그리스도의 믿음 안에서 만족함을 배운다. 이 만족은 우리 안에 거하시는 그리스도의 역사하심으로만 얻을 수 있다. 우리의 모든 필요가 채워지는 것은 그리스도 안에서, 그리고 그리스도를 통해서 되기 때문이다.

Part 2

치유

당신이 받는 고통이 십자가라고 느껴지는가? 그렇다면 그것을 견디라.
그러면 주님의 인도하심 가운데 나무 십자가가 변하여 금 면류관이 될 것이며
무거운 짐은 변하여 기쁨의 사역이 될 것이다.

| 서문 |

프라이스 박사의 목회 기간 중 놀랄만한 큰 치유의 역사가 많았는데, 그 중 하나가 국제순복음경영인연합의 창시자인 데모스 샤카리안의 누이를 치유한 일이었다.

어느 날 이른 아침 캘리포니아 주 다우니에서 샤카리안의 누이 플로렌스는 짙은 안개 때문에 정지 신호를 미처 보지 못하고 도로 정비 트럭을 향해 돌진했다. 그 충돌로 길 위에 펄펄 끓는 타르가 수 톤이나 쏟아져내렸고 충격으로 차에서 튕겨져나온 플로렌스는 타르 위에 떨어져 뒹굴면서 대퇴부 왼쪽과 골반이 으스러졌으며 등에는 심한 화상을 입었다.

병원 중환자실에서 의사들은 심한 화상 때문에 부서진 뼈들을 맞출 수가 없었다. 그리고 며칠간 일련의 엑스레이 촬영을 한 결과 부숴져나간 뼛조각들이 복부를 떠돌며 중요 장기를 위협하고 있는 것이 보였다. 샤카리안의 교회는 플로렌스를 위해 24시간 금식기도에 돌입했고 샤카리안은 다우니에서 10km도 채 떨어지지 않은 메이우드로 달려갔다. 프라이스 박사가 그곳에서 천막 집회를 인도하고 있다는 말을 들었기 때문이었다.

  샤카리안이 메이우드에 도착했을 때에는 집회장에 너무 많은 사람들이 몰려들어 집회가 열리는 천막에서 수백미터쯤 떨어진 곳에 주차를 하고 집회장까지 걸어갈 수밖에 없었다. 거대한 천막 안에는 앉을 자리가 없었다. 프라이스 박사는 아직 설교 중이었다. 잠시후 설교를 마치자 프라이스 박사는 치유받기 원하는 사람은 다 앞으로 나오라고 불렀다. 수백명이 앞으로 나갔고 프라이스 박사는 한 사람, 한 사람을 위해서 기도하며 기름을 부어 안수를 했다. 샤카리안은 계속 시계를 봤다. 프라이스 박사가 기도를 시작했을 때는 밤 9시였고 끝난 것은 밤 11시가 넘어서였다. 프라이스 박사가 다음 날에도 같은 자리에서 병자를 위해 기도를 해준다고 안내인들이 광고를 하며 집회를 끝내려 했지만 듣는 사람은 거의 없었다.

  마침내 마지막 사람을 위한 기도가 끝나고 프라이스 박

치유을 위한 참 믿음

사가 막 성경과 기름 병을 챙길 참이었다. 그때 샤카리안이 "박사님!" 하고 불렀다.

프라이스 박사는 자기를 부른 사람이 누군가 보려고 둘러봤다. 샤카리안은 안내인을 피해 프라이스 박사에게 다가가면서 한 숨에 외쳐댔다. "프라이스 박사님, 내 이름은 데모스 샤카리안이고 내 누이가 자동차 사고를 당해 병원 중환자실에 있습니다. 의사들은 살 가망이 없다고 그러는데 박사님께서 와주실 수 없을까요?"

프라이스 박사는 피곤한 기색으로 눈을 감고 잠시 아무 말 없이 있었다. 그러다가 갑자기 "가지요" 하고 말했다.

샤카리안은 서서히 흩어지는 회중 사이로 앞장서서 급히 걸었고 사람들 때문에 앞이 막힐 때마다 급한 마음에 안달을 했다. 프라이스 박사는 그가 초조해하는 것을 보고 "염려하지 마세요, 젊은이. 누이는 오늘 밤 치유될 겁니다" 하고 말했다. 어떻게 그렇게 확신하는가 하고 의아해하는 표정을 짓는 샤카리안을 보고 프라이스 박사가 설명했다.

1924년 에이미 셈플 맥퍼슨의 집회에서 막 성령 세례를 받은 프라이스 박사는 캐나다를 여행 중 온타리오의 파리스라는 작은 마을에 이르렀다. 마을에서 운전하는 중에 그는 이상한 충동을 느끼며 차를 이리 저리 몰다가 한 감리교회 앞을 지나게 됐는데 거기에서 멈춰야 한다는 느낌이 왔다. 자기가 왜 그러는지도 모르는체 프라이스는 교회 옆의 목사관으로 가서 자기를 복음 전도자라고 소개하고 그 교회에서 집회를 열 수 있겠느냐고 물었다. 교회 목사는 아주 놀란 것같았으며 그가 "예"라고 말했을 때 프라이스 박사도 놀라기는 매 한가지였다.

그 집회 참석자 중에는 에바 존슨과 그의 남편 루이스가 있었는데 바로 이 책의 제1부 2장에서 프라이스 박사에게 보낸 편지의 주인공이 바로 그들이다. 10년 전에 에바에게 류마티즘열이 발병하여 늘 통증에 시달렸으며 걷거나 일상생활을 하기가 불가능했다. 병은 계속 진행해서 다리는 꼬이고 주름이 졌으며 오른쪽 다리가 왼쪽 다리 뒤로 꼬이면서 그만 그 자세로 굳어지고 말았다. 해가 거듭되면서 이런저런 의사 스무명이 치료를 해봤지만 혈루병 앓던 여자처럼 상황은 악화되기만 할 뿐이었다.

에바는 밤마다 집회에 참석했지만 아무런 일도 일어나지 않았다. 그러던 어느 날 프라이스 박사는 집회 기간 중에 에바가 치유될 것을 알았다. 그가 확신했던 까닭은 에바를 바라볼 적마다 자기 어깨에 어떤 따뜻한 기운이 분명히 임했기 때문이다. 프라이스는 그 감각을 그리스도의 임재로 해석했다. 나머지 이야기는 참 믿음을 다룬 제1부 2장에 기록된 것과 같다.

치유을 위한 참 믿음

프라이스 박사가 이어서 말했다. "그런데 오늘 밤 당신이 내게 말하는 그 순간에 그 온기가 다시 내 어깨에 내렸어요. 지금 내 어깨에 온기가 있습니다. 그리스도께서 이 상황에 함께 계신 것이고 당신 누이는 치유될 겁니다."

그들이 병원에 도착해서 플로렌스의 방에 들어선 것은 거의 자정이 다 되었을 때였다. 플로렌스는 거의 의식을 잃은채 각종 튜브들과 철사들이 도르래에 매어져 있는 침대에 누워있었다. 무거운 견인 (트랙션) 추들이 철사들 끝에 매달려 있었다. 플로렌스는 샤카리안이 프라이스 박사를 소개 시켜주자 힘없이 고개를 끄덕였다.

프라이스 박사는 병에서 기름을 꺼내 플로렌스를 감싸고 있는 튜브와 철사들 틈으로 손가락을 내밀어 플로렌스의 이마에 발랐다. 그는 "주 예수여, 이곳에 와주시니 감사합니다. 우리 자매를 고쳐주시니 감사합니다" 하고 기도했다. 샤카리안이 나중에 증언한 말이지만 그 순간 방의 공기가 어딘지 모르게 변화했다. 마치 물에 둘러싸여 있는 것처럼 공기가 짙어졌다.

그때 견인 추 중 하나가 프라이스 박사 쪽으로 흔들려서 박사가 급히 피했다. 추는 박사의 머리를 스쳐 지나갔다. 그러더니 모든 추들이 미친듯이 앞뒤로 흔들리기 시작했다. 추들이 흔들리면서 플로렌스의 몸도 침대 위에서 이리저리 굴렀다. 샤카리안은 자기 누이가 움직이면 안된다는 것을 알고 있었지만 고통 때문인지 희열 때문인지 알 수 없는 신음소리를 내고 있는 누이에게 일어나고 있는 일에 대해 마치 진동하는 공기에 뒤덮이기라도 한 듯 아무런 조치도 취할 수 없었다.

추는 이십 분 동안 계속해서 흔들렸다. 간호사들은 십분마다 방에 들러 플로렌스를 살피도록 되어 있었지만 그 시간에는 아무도 들어오지 않았다. 방에는 플로렌스와 샤카리안과 프라이스 박사, 그리고 온기로 방을 채우신 이름없는 그분, 곧 주님 뿐이었다. 그러다가 처음 시작했을 때처럼 아주 갑작스럽게 추의 진동이 그치기 시작하더니 이내 천천히 멈췄다. 이제 다시 그곳은 세 사람만 있는 정상적인 병실로 바뀌었다.

플로렌스가 동생을 바라보며 소근거렸다.

"샤카리안, 예수님이 날 고쳐주셨어."

샤카리안이 누이를 향해 허리를 굽히며 말했다.

"나도 알아."

몇분 후 간호사가 들어왔을 때 플로렌스는 편안히 잠들어 있었다.

샤카리안은 프라이스 박사를 패서디나의 집으로 모셔다 드리고 다우니의 자기 집으로 돌아왔다. 그가 아직 잠을 자고 있을 때 플로렌스의 담당의사가 전화를 했다. 의사의 목소리는 흥분으로 갈라져 있었다.

치유을 위한 참 믿음

"샤카리안, 이리 와서 이 엑스레이 좀 봐요."

샤카리안이 병원에 도착해서 보니 엑스레이실에 의사, 간호사, 기사 등 모일 수 있는 사람은 다 모여 있었다. 벽의 판독기에는 엑스레이 원판 여덟 장이 걸려 있었다. 그 중 일곱 장은 플로렌스의 으깨진 왼쪽 대퇴부와 골반, 그리고 중요 장기들을 향해 떠돌고 있는 뼛조각들이 보였다. 여덟째 원판에는 골반과 대퇴부가 완벽하게 정상인 모습이 보였다. 한 때 부상이 있었음을 보여주는 가는 줄 몇개만이 보였을 뿐이고 뼛조각들은 어디에도 없었다. 그 엑스레이는 그날 아침 촬영한 것이었다.

이상한 일이지만 플로렌스의 등에 난 화상은 고쳐지지 않았다. 플로렌스는 등의 화상이 치료될 때가지 한 달을 더 병원에 머물렀다. 퇴원하고 며칠 지난 후 플로렌스는 샤카리안에게 병원에서 퇴원하기 전날 밤 꿈에 탁자 위에 물잔 스물다섯개가 놓여 있는 것을 보았다는 말을 했다. 플로렌스는 꿈 이야기를 하며 이렇게 말했다. "그 꿈은 하나님께서 내게 하나님을 섬길 시간을 이십오년 더 주셨다는 뜻이라고 믿어."

플로렌스는 이십오년 뒤에 세상을 떠났다.

1

치유의 성경적 근거

The Real Faith For
Healing

하나님의 치유를 생각할 때 자연스럽게 두 가지 문제가 제기된다.

첫째, 병자를 위한 기도에는 어떤 성경적 근거가 있을까?
둘째, 하나님의 치유 방법에 관해 성경은 무엇을 가르치고 있는가?

만약 우리에게 성경적 근거가 없다면 우리는 병자를 위해 기도하지 말아야 할 것이며, 치유 문제에 관한 성경의 명확한 가르침이 없다면 치유에 관해 더 이상 논하지 말아야 할 것이기 때문에 이 문제 제기는 당연하다. 하나님의 말씀은 내 발에 등이요 내 길에 빛이다. 성경을 벗어나 체험에 의존하게 되면 불가피하게 어둠 속으로 들어가게 되고 비성경적인 길에서 헤매게 된다. 반대로 말씀 안에 머물면 말씀을 소중히 여기고 활용하며 하나님께 영광을 돌리게 된다. 약속의 일부만을 소중히 여기고 나머지는 흘려보낼 까닭이 어디에 있는가? 혼과 영, 그리고 몸을 모두 아우르는 놀라운 순 복음(full gospel)이 있다고 성경은 가르치는데 왜 부분 복음에 만족하려 하는가?

아래에 치유와 관련된, 그리고 전인 치유 및 전인 건강을 위한 하나님의 놀라운 섭리에 관한 몇가지 성경 구절들이 있다. 성경에서 늘 볼 수 있듯이 하나님의 섭리 중 일부는 약속의 성취를 위해 특정한 조건들이 선결되어야 하는 경우가 있다.

하나님의 치유 약속: 출 15:26; 민 21:8-9

순종의 복: 신 28:1-14

하나님의 치유의 말씀: 시 107:17-21; 잠 4:20-22

하나님의 뜻은 자기 자녀를 치유하는 것: 마 8:1-17; 막 1:41; 눅 5:13

하나님의 뜻은 자기 자녀가 건강하고 장수하는 것: 출 23:25; 잠 4:10; 엡 6:2-3; 요3 1:2

대속의 치유: 시 103:3; 사 53:4-5; 마 8:17

자녀의 떡과 그들의 자격: 마 15:22-28; 막 7:25-30

자기 자신에 대한 그리스도의 증언: 눅 4:16-21, 7:19-23

그리스도에 대한 베드로의 증언: 행 10:38

그리스도께서 교회에 명하심: 막 6:14-20; 눅 9:1-2, 10:1-9

교회에게 치유를 가르침: 약 5:14-16

믿음의 능력: 마 9:29, 17:20; 막 9:23, 11:11-23; 요 14:12; 행 14:9

믿음의 기도: 마 21:22; 막 11:24; 요 14:13-14, 16:23-24; 요일 3:22

치유을 위한 참 믿음

출애굽기에는 이스라엘을 애굽에서 구하시고 이스라엘에게 치유 약속을 하시는 하나님의 이야기가 있다. 모세는 이스라엘 백성을 홍해에서 수르 광야까지 인도했다. 그러나 그 광야에서 사흘 길을 가도록 물을 찾을 수 없었다. 그후 백성은 구름의 인도를 받아 마라에 이르렀다. 하지만 그곳 물은 써서 마실 수 없었다. 그러자 백성은 자연히 모세를 향해 "무엇을 마실까?" 하고 불평을 하게 됐다 출 15:24 모세는 할 말이 없었다. 그래서 그는 우리 모두가 불가능한 상황을 만나게 되면 해야 할 일을 했다. 곧 "모세는 주님께 부르짖었다."

모세의 부르짖음에 대한 응답으로 "여호와께서 그에게 한 나무를 가리키시니 그가 물에 던지니 물이 달게 되었"다. 출 15:25 주님은 "그들을 위하여 법도와 율례를 정하시고 그들을 시험"하셨다. 주님은 또 이렇게 말씀하셨다.

> 너희가 너희 하나님 나 여호와의 말을 들어 순종하고 내가 보기의 의를 행하며 내 계명에 귀를 기울이며 내 모든 규례를 지키면 내가 애굽 사람에게 내린 모든 질병 중 하나라도 너희에게 내리지 아니하리니 나는 너희를 치료하

는 여호와임이라. 출 15:26

이 치유 약속은 고집센 백성에게 주신 것이다. 이 약속은 "지키면"이라는 전제조건을 있는 그대로 따르고, 하나님이 명하신 순종의 기준에 부합되는 백성에게 주신 것이다. 그들이 조건을 이행하면 하나님은 약속을 이루셨다. 여기에서 우리는 순종과 하나님의 치유의 관계를 명확히 알 수 있다.

몇년 후 모세의 누이 미리암에게 나병이 생겼다. 동생 모세를 험담하고 비방했기 때문이다. 죄와 병이 함께 미리암을 사로잡았으며 속죄가 이루어지기 전에는 육신의 치유도 일어나지 않았다. 모세는 언제나처럼 "여호와께 부르짖어 이르되 하나님이여 원하건대 그를 고쳐주옵소서" 하고 기도했다 민 12:13 하나님은 그의 부르짖음을 들으셨고 미리암은 주님께서 정하신 속죄를 행한 후 나병에서 구원함을 받았다(14절을 보라). 언제나 그러했다. 치유 약속은 악한 세대에게 하신 것이 아니라 그리스도를 영접한 사람들에게 하신 것이다. 그리스도의 구원의 능력을 아는 사람은 그리스도의 치유 능력도 확신한다.

치유을 위한 참 믿음

하나님의 치유 역사는 구약 전체에 걸쳐 나타나며 신약에서도 이어진다. 약속은 하늘에 영원히 기록되어 있으며 그리스도 예수 안에 있는 모든 시대, 모든 사람들에게 이루어진다. 예언자 이사야는 그것을 예견하고 이렇게 썼다.

> 그는 실로 우리의 질고를 지고 우리의 슬픔을 당하였거늘 우리는 생각하기를 그는 징벌을 받아 하나님께 맞으며 고난을 당한다 하였노라. 그가 찔림은 우리의 허물 때문이요 그가 상함은 우리의 죄악 때문이라. 그가 징계를 받으므로 우리는 평화를 누리고 그가 채찍에 맞으므로 우리는 나음을 받았도다 사 53:4-5

어떤 사람들은 이에 대해 반박하며, 이사야가 언급하고 있는 치유는 영혼의 치유로서 영적인 것이며 육신의 치유와는 아무런 관계가 없다고 주장했다. 그런 반박에 대한 대답은 다른데서 찾기보다 바로 성경에서 쉽게 찾아볼 수 있다. 마태복음 8장에는 주님께서 행하신 치유 이야기로 가득하다. 주님은 나병 환자와 백부장의 하인과 베드로의 장모를 고치셨고 "저물매 사람들이 귀신 들린 자를 많이 데리고 예수께 오거늘 예수님께서 말씀으로 귀신들을 쫓아 내시고 병든 자들을 다 고치^{마 8:16}"셨다

하나님은 은혜와 자비 때문에 치유하시지만 예수님께서 그 날에 치유를 행하신 것에는 또다른 이유가 있었다. 그것은 이사야가 예수에 관해 예언한 말을 이루시기 위함이었다. 그리고 그 말씀을 마태를 통해 하심으로써 성령께서 친히 이사야의 말의 참된 해석을 주셨다. 그것은 곧 "우리 연약함을 담당하시고 우리 질병을 지셨다"는 것이다. 성령께서 이사야의 말을 육신의 치유로 해석하시는데 누가 감히 그의 말이 영적 치유일 뿐이라고 주장하는가? 성령을 거스르는 자는 어리석은 자일 뿐이다.

누구든 편견 없이 성경을 읽는 사람이라면 정오의 태양처럼 명확히 알 수 있는 사실이 있으니, 그것은 저 태형 기둥에서 하나님의 자녀라면 누구에게나 필요한 모든 치유를 주셨다는 것이다. 그 이전에도 주님은 열두 제자들에게 능력을 주셨고 그 다음에는 칠십 제자들에게 주셨으며 그들을 파송하시면서 복음을 전하고 병자를 고치라는 구체적인 지시를 하셨다. 듣고자 하는 사람들이 있는 곳

마다 그들은 가서 영혼을 위한 구원의 기쁜 소식과 육신을 위한 치유를 행했다. 그 뒤로도 언제나 똑같았다. 구약 아래에서 그러했고 더 나은 신약 아래에서 여전히 그러했다.

오순절 전에 제자들은 주님과 함께 가르치고 치료했다. 주님께서 작별을 고하시고 감람산에서 승천하시자 그들은 예루살렘으로 들어가 예수님께서 그들이 받으리라고 말씀하신 권능이 임할 때까지 기다렸다. 오순절 날 권능이 불꽃같은 영광으로 임했고 제자들은 다락방에서 나와 타오르는 불의 혀와 같이 사방으로 퍼져 나갔다. 성령 세례를 받고 주님의 영광으로 충만하여 부활하신 그리스도의 나라를 전하고, 가르치고, 선포하면서 제자들은 이 도시 저 도시로 다녔고 어디에서든 보이는대로 병자들을 고쳤다.

8년 후, 그들은 여전히 같은 일을 하고 있었다. 이제는 교회의 보통 사람들도 그들과 합류했다. 그중 한 사람인 빌립은 사마리아로 가서 집회를 열기 시작했고 사람들은 그를 전도자라고 불렀다. 빌립은 예수 그리스도의 복음을 전했을 뿐 아니라 예수님께서 제자들에게 하신 말씀대로 병자들을 고치기도 했다. 사도들과 제자들은 멀리, 그리고 널리 퍼져 구원하시고 치유하시는 그리스도의 기쁜 소식을 전했다. "제자들이 나가 두루 전파할새 주께서 함께 역사하사 그 따르는 표적으로 말씀을 확실히 증언하시니라. 아멘^{막 16:20}"

어떤 사람들은 예수님께서 치유의 은사를 제자들에게 주신 까닭은 그들로 하여금 기독교회를 세울 수 있게 하기 위함이었으며 '사도 시대'가 끝나면서 그 은사도 교회로부터 거두어졌다고 주장한다. 그런 주장을 하는 사람들에게 묻고 싶은 질문이 하나 있다. "그런 말이 성경 몇 장 몇 절에 있는지 좀 알려주시겠습니까?" 이 질문에 대한 대답으로 우리가 일반적으로 들을 수 있는 대답은 성경 구절에 대한 직접적인 언급은 없는 장황한 설명일 뿐이며 야고보서 5장에 있는 것과 같은 구절은 철저히 무시되기 십상이다.

야고보는 교회 지도자들이 개최한 첫 회의의 의장이었다. 그는 엄격하고 보수적이고 기품이 있으며 성경에 박식한 사람이었다. 그는 주님의 동생이기도 했다. 그는 교회 일에 대한 조언을 사도들로부터 직접 받았을 것이다.

그러므로 그는 주님의 뜻을 알고 성경의 인도하심을 따르며 흩어진 제자들에게 무슨 일을 어떻게 해야 하는가를 가르치는데 아주 적합한 인물이었다. 이 사실을 깨닫는 것은 중요하다. "흩어져 있는 열두 지파에게" 보내는 야고보의 서신의 마지막 장에서 야고보는 치유에 관해 이렇게 쓰고 있기 때문이다.

> 너희 중에 고난 당하는 자가 있느냐? 그는 기도할 것이요, 즐거워하는 자가 있느냐? 그는 찬송할지니라.
> 너희 중에 병든 자가 있느냐? 그는 교회의 장로들을 청할 것이요, 그들은 주의 이름으로 기름을 바르며 그를 위하여 기도할지니라.
> 믿음의 기도는 병든 자를 구원하리니 주께서 그를 일으키시리라. 혹시 죄를 범하였을지라도 사하심을 받으리라.
> 그러므로 너희 죄를 서로 고백하며 병이 낫기를 위하여 서로 기도하라. 의인의 간구는 역사하는 힘이 크니라.
> 약 5:13-16

만약 누가 이 구절을 따로 뽑아내서 성경의 직접적 근

거 없이 이 구절은 사도 시대나 왕국 시대에만 적용된다고 말한다면 서신 전체에 대해서도 같은 주장을 하지 못한다는 법이 없다. 그러나 세계 모든 나라의 수많은 사람들이 예수 그리스도는 "어제나 오늘이나 영원토록 동일하시다$^{히\ 13:8}$"는 사실과, 예수는 구원하시는 능력 뿐 아니라 치유하시는 능력도 가지고 계시다는 사실을 증언할 수 있다. 사랑하는 이여, 치유를 원한다면 하나님의 약속이 생생한 현실이 될 때까지 모든 의심과 불신의 안개와 연기를 뚫고 기도하라. 그러면 그리스도의 치유의 은혜와 믿음이 당신을 지킬 것이다.

하나님의 능력의 한계는 우리 믿음의 한계이다. 하나님은 육신의 치유를 예비해놓으셨다. 영의 눈이 열린 사람은 병자를 위한 기도에 충분한 성경적 근거가 있다는 것을 분명히 알 수 있다. 육신의 치유에 대한 직접적이거나 간접적인 언급이 없다 하더라도 우리 자신이나 다른 사람의 육신의 회복을 소망할 수 있게 하는 약속들은 수 없이 많다. 210~211page에 열거한 성경 구절들을 살펴보면 당신도 잘 알 수 있을 것이다.

치유을 위한 참 믿음

:: 한 소녀를 고친 이야기 ::

사람들이 빈 틈없이 들어찬 집회장 곳곳에서 성도들이 병자와 장애인을 위해 한 마음으로 목소리를 높여 기도하고 있었고 제단에는 치유하시는 그리스도께서 어루만져 주시기를 원하는 사람들이 큰 무리를 이루고 있었다. 나는 다른 목사님들과 함께 우선 노인들을 위해 기도와 안수를 했다. 어떤 사람들은 하늘을 향해 손을 치켜든 채, 집회를 위해 꾸민 무대를 넘기도 했다. 그들은 하나님의 임재하심을 느끼며 감사함으로 흐느껴 울고 몸을 떨기까지 했다.

기도자들의 줄 가운데쯤에 어린 소녀가 내 앞에 서 있었다. 소녀는 나를 바라보며 눈물을 흘리고 있었다. 소녀가 기도하면서 입술을 움직이는 모습이 보였다. 나는 소녀 옆에 무릎을 꿇고 앉으며 물었다. "애야, 주님께 원하는게 뭐니?"

아이는 수줍어하며 잠시 나를 바라보더니 "예수님이 날 고쳐주시면 좋겠어요" 하고 대답했다. "애야, 어디가 아픈데?" 하고 내가 물었다. 아이는 대답 대신 작은 한 쪽

다리를 내보였다. 아이는 두 다리 모두에 받침쇠를 착용하고 있었다. 아이의 다리는 버팀대 없이는 서 있을 수 없을 정도로 너무나 가냘프고 힘이 없어 보였다. 아이는 또 내 한 손을 붙잡아 의지하면서 몸을 뒤로 돌렸다. 아이의 등과 어깨에도 쇠줄과 고리들이 그물처럼 싸여 있었다. 아이는 그 끔찍한 병, 소아마비에 걸려 있었다. 아이는 떨리는 작은 목소리로 쇠고리들 중 일부는 떼어내면 안 된다고, 심지어 밤에 기도를 마치고 잠자리에 들 때에도 떼어내지 못한다고 말했다.

나는 잠시 아이를 껴안은 채 조용히 기도한 뒤에 물었다. "애야, 예수님이 널 고쳐주실 걸 믿니?"

내 말이 미처 끝나기도 전에 아이가 대답했다. "그럼요! 고쳐주실 걸 믿어요. 성경에서 예수님이 우릴 고쳐주겠다고 약속하셨고 엄마도 예수님은 아이들을 사랑하신다고 말씀하시는 걸요."

내가 만약 회의론자이거나 비판론자이거나 믿지 않는 신자였다면 아이를 안고 다음과 같이 말했을지 모른다.

"아니야, 잘못 생각한거야. 예수는 널 고쳐주지 않아.

예수가 먼 옛날 이 땅에 살았을 때는 아이들을 고쳐준 적이 있긴 하지. 아이의 마비된 팔 다리를 완전히 고쳐서 너 같은 작은 아이들이 뛰면서 웃기도 하고 놀기도 할 수 있게 했었지. 하지만 지금은 그러지 않는단다. 가련한 아이야, 너도 알겠지만 옛날에 갈릴리 호숫가나 유대의 성들에서 자기가 진짜 하나님의 아들이라는 걸 보여주려고 병을 고치기는 했어. 그리고 얘야, 그런 뒤에는 제자들에게 너같은 어린 아이들을 위해 기도하라고 시켜서 자기 교회를 시작할 수 있게 했지. 하지만 일단 교회가 시작되고 난 다음엔 모든 능력을 다 뺏어갔어. 안됐지만 아이야, 넌 돌아가서 어떻게든 견디며 살아야 해. 너에겐 소망이 없단다. 널 도울 수 있는 의사는 없어. 위대한 의사인 예수도 이제는 너같은 작은 아이를 돕지 않아. 뭐라고? 성경에 있는 약속은 뭐냐고? 언젠간 너도 알게 될거야. 그래, 성경에 병자를 고치거나 병자를 위해 기도하라는 이야기가 있긴 하지. 하지만 정말 그런 뜻으로 한 말은 아니란다. 한때는 그런 뜻이었지. 지금도 그런 뜻일 수 있다고 말하는 신학자들도 있고. 하지만 지금도 그렇고 내일도 그렇고 이젠 그런 뜻이 아니야. 얘야, 그냥 지금처럼 절뚝거리며 걸으렴. 어떻게든 견뎌봐. 눈물은 이제 그만 흘리고. 어쩌면, 혹시, 앞으로... 아니야. 그런 일은 없을 거야."

아니다! 아니다! 아니다! 나는 아이에게 그렇게 말할 수 없다. 내 가까이에 있는 강대상에 말씀이 있다. 유다 지파의 사자의 말씀이다. 전능하신 하나님의 말씀이다. 권세와 능력을 전하는 말씀이다. 진리의 말씀이다. 우리의 주님이며 선생의 말씀이다. 나는 무슨 말을 하는 대신 기도를 했다. 기도하는 동안 나는 내 곁에 어떤 존재를 느꼈다. 그분을 볼 수도 없었고 그분의 목소리를 들을 수도 없었지만 그분은 거기에 계셨다. 나는 그분을 알았고 그분을 느낄 수 있었다.

"예수여, 구주여, 치유자여, 주님이여, 주님은 옛날에 백성을 고치셨습니다. 주님, 우리는 예루살렘의 어머니들이 자기 아이들을 예수께 데려온 이야기를 읽었습니다. 사랑하시는 주님, 이제 우리가 주님께 나옵니다. 십자가에 달려 못 박히신 그 손으로, 그 손의 사랑과 치유의 능력으로 이 작은 아이의 몸을 만져주옵소서. 주님, 지금 이 아이를 고쳐주옵소서."

아이의 작은 이마에 기름을 바르며 나사렛 예수 그리스도, 우리 주님의 이름으로 마비가 물러갈 것을 명함과 함께 기도는 끝났다. 흐느낌이 이어졌다. 아이의 몸에 작은 떨림이 스쳐지나갔다. 아이는 뒤로 넘어지더니 능력에 휩싸인채 엎드려 있었다. 잠깐 시간이 흐른 듯 하더니 아이의 말하는 소리가 들려왔다. "예수님, 사랑해요. 예수님, 나를 고쳐주셨어요. 고마워요, 예수님, 오, 고마워요. 예수님, 사랑해요, 사랑해요, 예수님."

아이가 완전하게 고침을 받고 일어나면서 아이의 몸에서 쇠고리들이 제거되자 그 자리에 있던 수천 명 사람들이 환호하며 주님을 찬양했다. 아마도 모든 사람들의 머리와 마음 속에 "예수는 어제나 오늘이나 영원토록 동일하시다.^{히 13:8}"는 말이 붉은 글씨로 선명히 각인되었을 것이다.

수백명이 구원해주실 것을 부르짖으며 제단으로 몰려나왔다. 치유함을 받은 아이의 어머니가 갑자기 하늘을 향해 목소리를 높였다. 그리고 사랑과 감사함이 가득한 마음으로 "예수처럼"을 노래하기 시작했다. 그러자 온 회중이 후렴을 따라불렀는데 마치 오르간 소리처럼 온 건물에 크게 울려퍼졌다.

  예수처럼 구름을 걷어버리셨네
  예수처럼 날마다 날 지키시네
  예수처럼 언제나 어디서나
  예수의 크신 사랑처럼

2

어떻게
치유함을 받나

The Real Faith For
Healing

우리는 하나님께서 우리의 치유를 예비하셨다는 것을 보았다. 그리고 병자를 위해 기도하고 주님께 병자와 장애인의 몸에 안수해주실 것을 구하는 것에는 충분한 성경적 근거가 있다는 사실을 분명히 보았다. 죄와 병에 사로잡힌 아담의 모든 후손의 영혼 구원을 주 예수님께서 갈보리에서 이루셨다는 것, 그리고 모든 속죄 사역이 거기에서 성취되었다는 것을 이제는 아무도 의심하지 않는다. 그런데도 대부분의 사람들은 여전히 구원받지 못한 채 그대로 있으며 죄 사함의 평화를 알지 못하고 있다. 이유는 간단하다. 그리스도를 주 요, 구세주로 영접하는 특권을 자기 것으로 삼지 못했기 때문이다. 예수님께서 갈보리에서 희생하신 것은 오직 예수를 믿는 사람, 그리고 예수님께서 세상의 죄를 대속하기 위해 하나님의 어린 양으로서 피를 흘리셨다는 것을 믿는 사람에게만 의미가 있다.

육신의 치유에 대해서도 같은 말을 할 수 있다. 그가 채찍에 맞으므로 우리는 나음을 받았다. 예수의 찢긴 살과 흘린 피 한 점 한 점, 한 방울 한 방울에 우리의 모든 연약함과 고통에 대한 치유가 있다. 이사야는 그 채찍질을 예견하며 "그가 채찍에 맞으므로 우리는 나음을 받았"다[사 53:5]고 썼고, 베드로는 같은 채찍질을 되돌아보며 "그가 채찍에 맞음으로 너희는 나음을 얻었다[벧전 2:24]"고 적었다. 병이 무엇이든 우리의 치유는 이천년 전 예루살렘의 태형 기둥에서 이미 성취가 되었다. 그러나 단순히 그 사실을 아는 것만으로는, 심지어 믿거나 치유를 구하는 것만으로는 부족하다. 이미 이루어진 것으로 받아들일 때 비로소 그대로 된다. 주님께서 친히 "무엇이든지 기도하고 구하는 것은 받은 줄로 믿으라. 그리하면 너희에게 그대로 되리라^{막 11:24}"고 말씀하셨다. 받은 줄로 믿는 것은 언제인가? 바로 기도할 때이다.

:: 느낌이 아니라 소유 ::

얼마 전 수천 명에게 구원과 치유의 역사가 일어났던 어떤 대 집회에서 한 가련한 남자가 제단 앞에 무릎을 꿇고 앉아 가슴이 찢어질 듯이 운 적이 있다. 회개자 석에 앉아 통회하며 우는 모습을 보면 언제나 가슴이 뭉클해지기 마련이지만 이 사람의 경우는 대여섯 번 같은 자리에 있는 것을 이미 보았던 터라 특별히 더 관심을 갖게 되었다. 나는 제단 주변의 무리를 뚫고 그 사람에게 다가가서 그 옆에 무릎을 꿇고 앉아 도움이 필요한가 물었다. 그는 눈물이 그렁그렁한 눈으로 날 바라보며 이렇게 말했다.

"도움이 필요하냐구요? 그렇다고 말해야겠지요. 형제님, 예수님은 왜 주변의 다른 사람들은 다 구원해주시면서 나는 구원해주지 않는 겁니까? 저기 있는 저 사람은 지금 막 기쁨에 겨워 소리를 지르고 있고 주님은 지금 막

제 곁을 지나가고 계십니다. 형제님, 저는 아무래도 구원을 받을 수 없어요. 주님께 제 말을 좀 해주시면 좋겠습니다."

"물론 그러겠습니다" 하고 나는 대답했다. "하지만 형제님, 주님께서 당신을 구하시지 않는 까닭은 주님께서 그러시도록 당신이 허용하지 않기 때문입니다. 무슨 뜻인지 설명해볼까요? 나는 당신이 무엇을 구하고 있는지 압니다. 당신은 느낌을 구하고 있는 겁니다. 당신은 주님을 증언하고 있고 찬양의 함성을 지르고 있는 주변 사람들과 같은 체험을 하고 싶어하는 겁니다. 그렇다고 해서 당신을 비난하는 것은 아니지만 당신은 먼저 소유하지도 않은 것을 느낄 수는 없다는 사실을 알아야 합니다. 무언가를 느끼려면 어디엔가 만남의 지점이 있어야 합니다. 내 손에 연필이 있습니다. 형제님은 그걸 느낄 수 있습니까? 아닙니다! 왜 느낄 수 없는 걸까요? 말할 것도 없이 가지질 않았으니까 느끼지도 못하는 겁니다. 나는 가지고 있기 때문에 느낍니다. 자, 형제님, 내 말을 들으십시오. 구원을 받지 못했는데 어떻게 구원을 느낄 수 있겠습니까? 그리스도를 소유하지 않았는데 어떻게 그리스도를 느낄 수 있겠습니까? 기억하십시오. 예수는 당신을 구원하시기 위해 죽으셨습니다. 당신의 구속을 위해 하실 수 있는 모든 일을 다 하셨습니다. 자, 이제 함께 기도하면서 우리를 영접해주시길 구하십시다."

우리를 머리를 숙이고 기도했다. 그는 한 문장, 한 문장 나를 따라 간단한 회개 기도를 했다. 기도 중에 그는 언제나 주님을 섬기고 주님을 사랑하겠다고 주님께 약속했다. 그리고 그 기도 가운데 어린 아이도 이해할 수 있는 아주 간단 명료한 말로 그리스도를 자기 구주로 영접했다.

그는 눈을 떠서 내 눈을 응시했다. 그는 잠자코 내가 무슨 말을 할지 기다렸다. 나는 "형제님, 주님을 찬양하십시오. 당신은 이제 왕의 백성입니다" 하고 말했다.

그는 믿기지 않는다는 듯 물었다. "내가 이제 기독교인인 겁니까?"

"형제님, 주님 말씀을 믿어야 합니다. 지금 막 그리스도를 구주로 영접하셨고 주님은 당신을 구원하시겠노라고 약속하시지 않았습니까?"

"맞아요, 바로 그렇게 하셨지요." 그가 대답하는 중에 그의 눈이 조금 더 커졌다. 그는 잠시 생각에 잠기는 듯하더니 갑자기 소리질렀다. "잠깐만, 형제님, 난 기독교인입니다." 그러더니 그가 물었다. "내가 만약 지금 죽는다면 난 천국에 갈까요?"

"그렇고 말고요, 형제님." 그 거리의 불신자에게 내가 대답했다. "주님은 당신을 구원하시기 위해 죽으셨고 지금 막 당신은 구원받았습니다."

믿음이 그에게 들어가는 동안 그의 얼굴을 바라보는 것은 흥미로운 일이었다. 마침내 그에게 깨달음이 왔다. 그는 눈을 번쩍거리면서 부드러우면서도 재미있는 투로 "구원받았어! 지금 막 구원받았어. 기독교인이야, 바로 지금 진짜 기독교인이야" 하고 말하는 것이었다. 그리고 나서 진짜 폭발이 일어났다.

그가 확실히 믿은 그 순간은 그에게 참 현실이었다. 의심은 사라져버렸다. 불신앙도 없어졌다. 그는 깊이 숨을 들이쉬더니 크게 외쳤다. "와, 와, 만세! 아니, 할렐루야! 주님을 찬양하라!"

그는 마구 뛰면서 감격을 이기지 못해 소리를 질렀다. "오, 형제여, 할렐루야, 오, 영광, 영광." 그는 내가 진정시킨 뒤에 다른 사람들이 구원을 위해 기도하고 있으니까

치유을 위한 참 믿음

되도록 조용히 있으라고 말할 때까지 계속 그럴 기세였다. 느낌이 없는 구원을 나는 이해할 수 없다. 그러나 구원을 느끼려면 구원을 소유해야 하며 구원은 믿음으로만 소유할 수 있다. 마찬가지로 치유를 느끼려면 치유를 소유해야 하며 치유는 오직 믿음으로만 소유할 수 있다.

3

흔히 저지르는 잘못

The Real Faith For
Healing

지난 세월 동안 내 동역자들과 나는 수십만 명을 위해 기도해왔으며 우리는 온갖 질병으로부터 수천 명이 치유받는 것을 보았다고 하나님께 영광을 돌리며 말할 수 있다. 그렇긴 하지만 그보다 더 많은 사람들이 빈 손으로 돌아갔는데 그것은 그들이 깨닫지 못했기 때문이다. 밴쿠버 대집회의 개회 예배때는 단지 스물 다섯명만을 위해 기도했을 뿐이었다. 치유받기 원하는 사람이 수십명은 더 있었으나 그들에게 믿음이 없다는 것이 너무도 분명해서 우리는 그들에게 기다리라고 말했다. 믿음이 있는 사람들이 밤마다 치유받는 것을 보고 정기적으로 집회에 참석한 수많은 사람들의 믿음이 급속도로 성장했다. 그 속도가 너무 빨라서 집회 마지막 날에는 한 예배 시간에 천오백 명을 위해 일일이 기도를 했을 정도였다. 한 번에 백명은 되는 사람이 하나님의 능력 아래 엎드렸으며 사람들의 믿음이 집회장으로 쓴 체육관 전체에 마치 큰 파도를 일으키는 것처럼 보였다. 체육관 소유주의 추산에 따르면 3주간에 걸쳐 이십오만이 넘는 사람이 그 체육관에서 하나님의 말씀을 들었다. 밴쿠버 시 전체가 하나님의 은혜와 영광으로 뒤흔들렸으며 사방에서 치유에 대한 증언이 잇따랐다.

이제는 그토록 많은 사람들을 위해 기도하면서도 왜 누구는 치유받고 누구는 치유받지 못하는가를 알 수 있게 되었다. 이 장에서 나는 흔히 저지르는 두가지 잘못을 살펴보고 육신의 치유를 위해 어떻게 주님께 접근해야 하는가를 분명히 설명하겠다.

첫번째 잘못은, 당신의 치유를 위해 기도하는 사람에게 어떤 특별한 덕이나 성결함이 있다고 믿는 것이다.

당신을 위해 기도하는 사람은 당신의 치유자가 아니라 은혜로 말미암아 구원받은 죄인이며 타다 남은 마른 막대기이며 하나님의 손으로 고침을 받은 가련하고 유한한 절름발이일 뿐이다. 이 세상의 어떤 인간도 당신을 위해 기도할 자격이 없으며 예수의 옷자락조차 만질 자격이 없다고 느끼는 사람이 아니라면 누구도 당신의 머리에 기름을 부어서는 안된다. 전도자나 목사나 사역자로부터 눈을 돌려 오직 당신의 치유를 위해 채찍을 맞으신 그 복되신 분에게만 영혼의 눈을 맞추라.

사람들이 몰려와 내게 안수를 해달라고 할 때면 나는 종종 손을 빼고 "자매님, 내 손이 아니라 주님의 손입니다. 형제님, 내 손길이 아니라 십자가에 못 박히신 그분의 손길만이 당신을 건질 수 있습니다" 하고 말하고 싶은 충동을 느꼈다. 사람들이 너무나 지쳐있고 또 슬픔에 잠겨 울 때는 내 마음에서도 눈물이 흐른다. 그 중에는 희망을 포기했다가 다시 희망의 싹을 찾아가는 사람도 있다. 장애인 자녀를 둔 어머니들, 장애인이나 맹인을 도와 제단으로 데려오는 사람들. 수십 명, 수백 명, 때로는 수천 명에 이르는, 병들고 무력하고 장애를 입고 귀 멀고 눈 먼 사람들. 나는 그들의 노래하는 소리를 들었다.

> 위대하신 의사, 예수님이 곁에 계시네
> 자비를 베푸시는 예수
> 낙심한 자에게 힘 내라 하시네.
> 오 예수의 음성을 들어라.

그 노래를 듣는 동안 눈물이 속절없이 뺨을 타고 흘러내렸으며 아무것도 할 수 없는 나는 주님께 부르짖었다. 오직 예수만이 고치실 수 있다. 오직 예수만이 구원하실 수 있다. 오직 예수만이 상한 영혼, 상처입은 육신이 드리는 기도를 들으시고 응답하실 수 있다.

엄청난 무리의 노래하는 소리를 듣고 내 마음에서는 전율이 느껴졌다. 기쁨에 넘쳐 부르는 노래, 마음의 즐거움을 이기지 못해 부르는 노래였다. 어찌 노래하지 않을 수 있으랴! 사랑하시는 손으로 어루만짐을 받았으니! 지친 그들의 삶에 갈릴리 사람 예수로 말미암아 복이 찾아왔다. 그들의 짐은 벗겨졌고 슬픔은 사라졌다.

아, 노래하라. 복받은 행복한 순례자들이여. 찬양의 노래를 부르고 읊조리라.

너희 입술을 떠난 음조들이 영광의 흉벽을 울리고 마침내 영원의 날에 눈같이 흰보좌 가까이에 내려앉을 때까지!

네 마음이 찬양으로 가득하고 샛별들이 너와 더불어 기쁨으로 외칠 때까지 노래하라.

 오 예수, 바로 예수
 내 영혼의 예수
 나 그분 옷자락을 만졌네
 그분 피가 나를 온전케 하셨네

그러므로 기억하라. 당신을 위해 기도하는 사람이 당신의 치유와 능력의 근원이 아니라는 것을. 기도하는 사람이 아니라 그 기도를 받으시는 분이 바로 그 근원이다. 영광과 찬양과 권세와 능력을 비할 데 없는 그 이름에 세세무궁토록 돌릴지어다. 아멘, 아멘.

치유을 위한 참 믿음

두번째 잘못은, 근심과 믿음을 혼동하는 것이다.

근심은 언제나 믿음의 장애물이다. 기대와 소망은 욕구성취를 앞당기는 디딤돌이지만 지나친 근심은 발목을 붙잡아 걸음을 방해한다. 집회에 쳐들어오다시피 와서 당장 기도를 해달라고 말하면서, 차례를 기다리라고 하거나 꼭 필요한 영적인 준비를 하라고 하면 화를 내는 사람들이 있다. 물론 병든 사람은 누구나 고침을 받으려고 초조해하기 마련이다. 그러나 근심에는 치유나 위안을 주는 요소가 없다. 우리는 행복과 기쁨의 표정이 있어야 할 사람들의 얼굴에 실망의 빛이 서려 있는 것을 많이 보아왔다. 그 모든 까닭은 치유받는 방법을 모르고 치유받으러 오는 잘못을 범했기 때문이다.

그런 사람들은 대부분 평생 단 하루도 주님을 섬긴 적이 없거나, 몇 년 동안 단 한번도 기도회에 참석하지 않았거나, 바쁘다는 이유로 주일에 교회에 가지 않았거나, 자기 삶을 진정으로 하나님께 바치는 것을 진지하게 고려해 보지 않았거나, 자기 일에만 관심이 있고 하나님의 일에는 관심이 없는 사람이다. 치유 준비는 언제나 영적인 것이다. 영혼의 치유가 육신의 치유보다 더 중요하다고 믿는 사람이라면 치유에 더 가까이 와 있다고 할 수 있다. 그런 상태에 있다면 고통의 끝이자 밝고 더 나은 삶의 시작을 의미하는 믿음의 소유에 더 가까이 와 있는 것이다.

지적인 동의는 믿음이 아니다. 정신의 동의가 믿음에 필요할 수는 있지만 그것이 참 믿음이 되려면 믿음을 자기 것으로 삼는 능력이 반드시 필요하다. 정신적 집중은 믿음이 아니다. 믿음을 고백한다고 해서 그것이 꼭 실제로 믿음을 의미하는 것은 아니다. 의지와 정신으로 믿으려고 애쓴다고 해서 믿음이 생기는 것은 아니다. 참 믿음은 하나님의 선물이기 때문이다. 하나님은 영적인 상태가 그 선물을 받기에 적합하지 않은 사람에게는 결코 산을 옮길만한 믿음을 주시지 않는다.

그렇다고 해서 일정한 경건 상태에 반드시 이르러야 한다거나 오랫동안 선한 삶을 살아왔어야 한다는 뜻은 아니다. 말씀을 보면 예수 시대에, 죄인인데도 불구하고 큰 믿음이 있어서 예수에게서 칭찬을 들은 사람이 있다. 그들의 과거가 문제되었던 것이 아니다. 그들이 예수께 간구했던 시점에 어떠했느냐가 중요하다. 그들의 영적인 상태가 자아와 육신과 세상으로부터 멀리 떨어져 있고 전적으로 예수께만 집중되었기 때문에 그들은 믿음을 인정받은 것이다. 거리에서 온 사람이라 하더라도 제단에서 상한 심령으로 통회하며 슬피 울다가 영광의 왕께서 달려 돌아가신 십자가를 체험하고 구원과 함께 기적적인 육신의 치유를 받은 사람을 나는 많이 보아왔다.

:: 자유를 얻은 노예 ::

우리의 집회 중 보통 때 잘 하지 않던 제단 초청을 통해 수백명이 회개자석으로 나아와 주님께 심령을 쏟은 일이 있다. 그 도시의 큰 집에 사는 상류층 사람들이 동부 출신의 좀 누추하게 입은 주민들과 나란히 무릎을 꿇고 앉았다. 그들은 온유하고 자비하신 그리스도의 용서를 구하며 눈물로 기도하고 있었다. 제단 초청이 거의 끝나가고 이곳 저곳에서 무리 무리마다 벌써 기쁨과 구원의 찬양을 부르고 있는데 안내인 중 한 사람이 제단 쪽으로 통로를 따라 걸어오고 있는 사람에게 우리의 주의를 환기시켰다. 그는 잘 차려입었고 부자처럼 보였으나 몸이 앞으로 굽은 것으로 보아 인생의 슬픔과 고통을 겪고 있다는 것을 알 수 있었다.

안내인이 내게 속삭였다. "저 사람이 20년 동안 교회에 출석하고 있다는게 믿어지지 않아요. 여기 사람들은 저 사람이 누구며, 어떤 문제가 있는지 다 압니다. 불쌍한 사람이지요. 저 사람은 10년 전부터 고질적인 마약 중독자입니다. 마약의 노예지요. 저 사람이 변화된다면 마을 전체가 뒤흔들릴 겁니다."

나는 통로를 천천히 걸어내려오는 그를 주목해 보았다. 제단 앞에 잠시 멈춰 선 그 사람을 보는 순간 그 사람 내부에서 갈등이 일어나고 있다는 것을 알 수 있었다. 그는 무릎을 꿇더니 양 손에 얼굴을 파묻었다. 나는 재빨리 그의 옆에 무릎을 꿇었다. 그에게는 조력자가 필요 없었다. 있어도 방해만 됐을 것이다. 몇 년만에 처음으로 온 몸과 마음을 다해 주님께 집중하고 있었기 때문이다.

"예수님, 저는 쓸모없는 인간입니다… 저는 죄를 지었습니다. 그런 제가 오늘 밤 주님께 나옵니다…. 저는 주님이 그리스도신 것을 믿습니다. 믿습니다. 주님… 믿습니다. 예수님… 예수님… 예수님, 저… 저… 저같은 노예도 구원하실 수 있습니까?"

치유을 위한 참 믿음

그는 눈을 뜨고 내 눈을 바라보았다. 나는 "내게 오는 자는 내가 결코 내쫓지 아니하리라"고 말해야 한다고 느꼈다.

5분이 지났고 회중이 다 일어나 한 목소리로 찬양을 했다. 만 명은 족히 되는 사람들의 마음 속 깊은 곳으로부터 찬양의 소리가 울려퍼졌다. "예수 모든 결박 푸시네. 날 자유케 하시네." 그러나 제단 아래에선 아직 한 사람이 여전히 무릎을 꿇은채 앉아 있었다. 눈 감고 손은 꼭 모아쥔 채 입술을 움직이며 기도하고 있었다.

"날 자유케 하셨으니 할렐루야를 외치리" 하고 회중이 노래하는 소리에 서까래가 다 진동했고 노래 가락은 열린 창문들을 넘어 거리로까지 퍼져나갔다. 그 사람은 여전히 제단을 떠나지 않고 기도를 했다. 그 수천 명 중, 아직 무릎꿇고 손을 꼭 모아쥐고 머리를 숙이고 눈을 감은채 기도하고 있는 사람은 그 사람 뿐이었다. "지친 이에게 안식 있네. 그대에게 안식 있네." 회중의 노래가 울려퍼지면서 건물 전체에 주님의 영광이 가득 찬 것처럼 느껴졌다. 그리고 우리 가슴은 기쁨으로 터질 것 같았다.

제단에서는 그 사람의 기도가 계속 이어지고 있었다.

"노예, 예수님, 그냥 노예일 뿐… 예수님… 노예… 하지만 주님은 약속하셨습니다…. 약속하셨습니다. 예수님, 나같은 노예도…. 약속하셨습니다."

"요단강 저편 생명 나무 꽃피는 그곳, 지친 이에게 안식 있네. 그대에게 안식 있네." 회중의 노래는 거의 천둥과 같이 울렸다. 이윽고 노래의 마지막 잔향이 서서히 사라지고 축복 기도가 끝난 후 그날 밤에 주님의 놀라운 능력을 체험한 회중이 귀가하기 시작했다. 밖에서는 전차 벨 소리가 울렸다. 회중은 파도처럼 출입문을 향해 몰렸고 밖에서는 자동차 경적 소리가 들렸다. 이따금 찬송가 가락이 이번에는 밖으로부터 열린 출입문과 창문을 통해 건물 안으로 흘러들어왔다. "예수 모든 결박 푸시네, 날 자유케 하시네."

나중에 들은 말이지만 사람들은 집으로 가는 길 내내, 전차에서, 거리에서, 자기 승용차 안에서 노래를 불렀다. 주님 찬양은 멈춰지지 않을 것같았다. 그러나 건물 안에선 더 이상 노래가 들리지 않았다. 한 사람이 혼자 남아서 여전히 제단에 무릎꿇고 앉아 눈을 감고 머리를 숙이고 손을 꼭 모으고 입술을 움직여가며 간구하는 기도, 믿음

치유을 위한 참 믿음

의 기도를 하고 있었다. "노예일 뿐입니다. 예수님… 노예일 뿐…. 하지만 예수님, 약속하셨습니다… 구원하시기로… 끝까지…."

바로 그때 제단 통로로 하나님의 살아 있는 말씀이 임했다. 천사 가브리엘이 "자기 백성을 그들의 죄에서 구원할 자"라고 말하며 그 이름을 예수라 하라고 한 분이 오셨다. 제단 통로로 그분이 오셨다. 모든 것을 아시고 이해하시며 사랑하시고 돌보시는 슬픔의 인자, 그분이 오셨다. 눈으로는 볼 수 없고 귀로는 그 발자국 소리를 들을 수 없었으나 여리고 길에 있던 맹인 바디매오의 부르짖는 소리에 멈추셨듯이 한 회개하는 죄인의 마음에서 우러나는 부르짖는 소리에 멈추셔서 그의 기도를 들으셨다. "예수님, 노예, 예수님. 할 수 없는…. 약한…. 도우소서."

잠시 후 저 멀리 별들 너머 어떤 성, 길은 황금으로 깔려 있고 벽은 벽옥으로 덮인 성에서 종이 울리고 천사의 합창이 울려퍼졌다. 한 영혼이, 마약과 죄의 노예였던 한 영혼이 구속함을 받았고 자유를 얻었기 때문이다. 하늘도 기쁨으로 가득했다.

그 사람은 제단에서 하늘을 향해 손을 치켜들고 서 있

었다. 그의 뜬 눈은 하늘의 기쁨의 광채로 반짝였고 얼굴은 거룩한 영광으로 빛났다. 그는 기뻐하며 외쳤다. "노예였습니다. 주 예수님. 그런데 날 구해주셨습니다. 노예를…. 난 이제 자유합니다. 예수님, 오 예수님!... 영광…. 영광…. 영광…. 주님." 열린 창문을 통해 주차장을 빠져나가는 사람들의 노래 소리가 아직도 들려오고 있었다. "예수 모든 결박 푸시네. 날 자유케 하시네."

마약 중독이 치유되었다. 사슬이 풀렸고 족쇄가 부서졌으며 장벽이 사라졌다. 하나님의 능력으로 구원 받았고 치유되었다.

며칠 뒤 아직 같은 주간이었다. 한 사람이 어떤 큰 교회 제단에 서서 설교자의 말을 듣고 있었다. "이제 형제에게 교제의 오른 손을 드리며 이 교회의 교우로 형제를 환영합니다. 형제에게 하나님의 풍성한 복이 임하시길… 하나님께서 이 교회를 형제의 축복으로 삼으시길…." 회중은 뜨겁게 "아멘"으로 화답했다. 그 사람은 회중석을 향해 돌아서서 고개를 들었다. 눈은 눈물로 젖어 있었지만 행복과 기쁨으로 충만했다. 그는 노예였다. 노예에 불과했다. 예수를 만나기 까지는. 예수, 구세주, 치유자, 모든 결박 푸시네… 날 자유케 하시네.

  그러므로 우리가 치유를 바라며 주님의 약속을 이루시기를 구할 수 있는 것은 우리의 의나 교회의 성도들 때문이 아니고 우리의 기독교적 자선이나 사랑의 행위 때문도 아니며 우리 자신을 무조건적으로 주님께, 즉 주님의 약속과 주님의 말씀에 헌신하며 단순한 믿음으로 주님의 치유를 받고자 함 때문이다. 상한 심령과 회개하는 마음, 그리고 나는 할 수 없다는 느낌이 일반적으로 치유에 필요한 믿음의 확증이다. 반면에 많은 사람이 축복을 잃어버리는 까닭은 자기들에게는 치유를 받을 자격이 있다고 잘못 생각하기 때문이다.

:: 수동적 믿음과 능동적 믿음 ::

  육신의 치유를 위해 주님께 나오는 자세는 모든 의심의 요소들을 제거한 믿음의 자세여야 한다. 간구하는 기도를 마치고 찬양의 기도를 시작할 때 가져야 할 자세가 바로 그와 똑같다. 무언가를 간구한다는 것은 간구자에게 그 구하는 무언가가 없다는 것을 증명해준다. 간구 기도를 마치고 이어서 찬양의 노래를 부르는 것은 그가 구한 그 무언가를 "받은 것으로 믿"었다는 것을 증명해준다. 암이나 류마티즘이 주님의 손길로 말미암아 곧 녹아져버릴 것을 믿는 사람의 얼굴에 나타나는 기대와 기쁨의 표정은 주목할 만하다. 구하는 것도 좋고 간구하는 것은 복된 일이지만 축복이 임하는 것은 구한 것을 받을 때이다. 믿음에는 두가지 종류, 곧 수동적 믿음과 능동적 믿음이 있다. 수동적 믿음은 이렇게 말한다. "나는 예수님께서 날 고치실 수 있다는 걸 믿습니다. 나는 예수님께서 다른 사람들을 고치셨다는 걸 믿습니다. 그건 가능한 일입니다. 난 온 마음을 다해 그걸 믿습니다."

능동적 믿음은 이렇게 말한다. "나는 예수님께서 고치실 수 있다는 걸 믿습니다. 난 지금 고침을 받았으니 주님을 찬양합니다. 약속은 내 것입니다. 내게는 지금 그 약속이 있습니다."

:: 어린 아이가 이끌리라 ::

한 여자 아이가 강단 앞에 서서 믿음의 기도를 간절히 구하고 있었다. 아이는 울고 있었던게 분명해 보였지만 지금은 눈물을 닦고 환히 웃고 있었다.

"귀여운 꼬마야, 너 몇살이지?" 내가 물었다.

"일곱살이예요, 목사님" 아이가 대답했다.

"넌 예수님을 사랑하니? 예수님이 아이들을 사랑하시는 거 알지? 그러니 너도 예수님을 사랑하겠지? 그런데 애야, 무슨 문제가 있어서 온 거지?"

천천히 다리를 걷어올리는 아이의 고통스런 표정이 대답을 대신했다. 심한 장애를 입어 기형이 된 아이의 발이 특별히 만들어진 아주 큰 신발에 싸여 있었다. 그런데 아이는 한 팔에 뭔가 소중해 보이는 것을 들고 있었다. 그것은 신문지 조각에 싸여 있었는데 그런 것을 강단에까지 들고 올라온 것이 좀 이상해보였다.

"애야, 그 조그만 꾸러미엔 뭐가 들었니?" 내가 물었다.

고통스런 표정을 환한 웃음으로 바꾼 것으로 아이는 대답을 대신했다. 아이는 온 회중 앞에서 천천히 끈을 풀고 신문지를 벗겨냈다. 놀랍게도 거기에는 새 신발이 들어 있었다. 아이는 자랑스런 표정으로 그 신발을 들더니 조용히 외치는 것이었다. "집에 갈 때 신으려고 산 거예요."

믿음! 믿음! 믿음! 그것은 고등비평이라는 가면을 쓴 불신앙에 지나지 않는, 그 이상도 이하도 아닌 소위 이성주의의 파괴로부터 더럽혀지지 않고 손상되지 않고 흐려지지 않은 그런 믿음이었다. 약속을 바라고 기다리는 이 작은 여자 아이에게 예수님께서 말씀하신 그런 믿음이 있었던 것이다. 조용하고 단순하고 어린아이 같은 믿음이. 아이의 주님은 말씀하셨고 아이는 믿었다. "너희가 돌이켜 어린 아이들과 같이 되지 아니하면 결단코 천국에 들어가지 못하리라." 나는 신발을 받아들고 잠시 바라본 뒤에 다시 아이를 향해 몸을 돌렸다. 이제는 손에 아무것도 들지 않은 아이가 천천히 하늘을 향해 손을 들어올리며 입술을 열어 기도하기 시작했다. 나는 아이의 이마에 기름을 바르고 어린 아이들의 친구가 되시는 예수께 기도했다. 그리고 나서 기도를 마친 후 "꼬마 친구여, 예수의 이름으로 치유함을 받으라" 하고 말했다.

아이의 입에서는 어떤 황홀한 기쁨의 표현도 나오지 않

았다. 영광을 외치거나 찬양하는 말도 없었다. 그 어떤 느낌의 충일함도 없었고 감정의 분출도 없었다. 그저 강단 위에 있는 사람들을 쳐다보면서 웃기만 할 뿐이었다. "귀여운 꼬마야, 하나님께서 복주시길 바란다." 신발을 돌려주며 내가 말했다. 아이는 신발을 받아들고 아주 조심스럽게 빈 자리로 걸어가더니 몸을 웅크려 기형인 발의 신발을 풀기 시작했다. 사람들은 놀란 눈으로 아이를 바라보았다. 아이는 사람들을 한 번 바라본 뒤에 웃음을 지었다. 그리고는 휙하고 잡아당기자 옛 신발이 벗겨졌다. 아이는 그 신발을 의자 옆에 놓으면서 "이젠 이 신발이 필요하지 않지요?" 하고 말했다.

아이는 그 이전 신발을 다시는 신지 않았다. 아이가 강단에서 걸어서 내려갔을 때는 기형이었던 발에 새 신발을 신은 상태였다.

누군가가 물었다. "애야, 누가 널 고쳐주셨니?"

"예수님이요." 아이는 아무런 주저함 없이 대답했다.

아이는 강단 끝까지 걸어갔다가 잠시 머뭇거리더니 다시 걸어가면서 큰 소리로 말했다. "누군가가 저 옛 신발을 없애주셨어요. 난 이제 그게 필요없어요."

회중석에 앉아 있던 사람들은 흐느껴 울었다. 비판하려고 왔던 잘난 사람들도 자리를 떠나지 않고 기도했다. 자기 중심적으로 살아왔던 여자들은 빌라도의 재판정에서 외롭게 재판을 받던 죄수였던 예수의 발 아래 무릎꿇고 여생을 주님을 섬기고 사랑하며 살겠노라고 결단했다.

사람들을 기도와 경배로 이끈 그 작은 아이는 수동적 믿음과 능동적 믿음의 차이를 수많은 회중에게 가르쳐주었다.

4

치유를
유지하는 방법

The Real Faith For
Healing

  다음과 같은 질문을 종종 받는다. "사랑하시는 구주께서 내 머리에 안수한 뒤에, 아니면 완전한 치유를 선언하시는 하나님의 음성을 들은 뒤에 다시 치유를 잃어버리는 일이 가능합니까?"

  이 질문에 대한 대답은 분명하다. 그것은 "예"이다. 치유를 잃어버리고 영적으로나 육신적으로 주님께서 은혜로 우리를 치유하시기 이전 상태로 다시 후퇴할 수가 있다.

요한복음 5장을 보면 베데스다 연못에서 예수로부터 치유함을 받은 사람의 이야기가 있다. 그 이야기에서 우리는 예루살렘 성에서 지켜졌던 유대인들의 어떤 절기가 있었음을 알 수 있다. 아마도 그 절기는 유월절이었을 것이다. 예수는 제자들과 함께 하시려고, 그리고 의심할 여지 없이 기다리고 있던 군중들을 돌보시려고 그 성으로 들어가셨다.

양 시장 가까이에 한 연못이 있었는데 이따금 천사가 내려와 물을 만지면 물이 움직였다. 연못 가에는 언제나 병자와 장애인들이 모여서 천사가 내려오기만을 기다리고 있었다.

자비의 장소라는 뜻을 가진 베데스다라는 이름의 이 연못이 인간의 바쁜 생업 현장인 양 시장 가까이에 있었다는 것과 예수가 필요했던 곳에서 예수를 찾을 수 있었다는 것은 의미가 깊은 것으로 보인다. 인간의 생업으로 바쁜 시장에서든, 웅장한 대성당에서든, 아니면 시골의 작은 예배당에서나 수많은 군중이 모인 곳에서든 예수 그리스도는 갈급한 심령이 부르짖는 곳, 고통의 흐느낌이 있는 곳, 구세주의 손길이 필요한 곳이라면 어디서도 만날 수 있다. 필요의 중심에서 우리는 언제나 예수를 찾을 수 있다.

자비의 장소였던 그 연못을 지나가시던 길에 예수님께서는 38년 동안 힘 없이 살아왔던 한 장애인을 보셨다.

가장 온유한 사랑과 자비의 주님의 눈길이 그 사람에게 모아졌다. 마치 그 사람의 거친 외모를 꿰뚫고 마음 속 깊은 곳의 생각을 보시는 것 같았다. 예수님께서는 우리의 필요를 아시듯 그 사람의 필요를 아셨다. 38년 동안 병을 앓아왔던 이 사람이 도움을 얻을 길은 오직 예수만이 가지신 능력밖에 없다는 것을 아셨다. 그런 그 사람의 필요를 보시고, 그리고 그런 필요를 채워주실 수 있는 능력이 자신에게 있음을 아시고 예수는 그 사람에게 "네가 낫고자 하느냐?" 하고 물으셨다. 요 5:6

오 형제들이여, 지치고 병든 죄인들이여, 번잡한 세상의 고뇌와 소요로 지친 영혼들이여, 예수님께서는 당신들에게도 "네가 낫고자 하느냐" 하고 똑같이 물어보신다.

형제자매들이여, 병으로 고통당하고 몸이 갉아먹히고 썩는 것을 보는 이들이여, "네가 낫고자 하느냐" 하고 물으시는 나사렛 사람 예수의 음성이 들리지 않는가?

가정과 자녀의 문제로 늘 바쁘고 괴로움을 당하는 이들, 어두운 밤을 견디며 행복한 새벽이 찾아오기만을 간절히 바라고 기다리는 이들이여, "네가 낫고자 하느냐?"

그리고 너희 어린 자녀들, 그 가녀린 몸이 아프고 고통스러워 신음하는 자녀들이여, "네가 낫고자 하느냐?"

온유하시고 사랑하시고 자비하신 갈릴리 사람 예수님께서 당신 곁에 계셔서 당신 눈을 들여다보시며 직설적으로 이 한가지 질문을 던지신다. "네가 낫고자 하느냐?"

베데스다의 병자는 예수의 얼굴을 응시하다가 처음에는 물으시는 말씀의 뜻이 무엇인지 모르고 "주여, 물이 움직일 때에 나를 못에 넣어주는 사람이 없어 내가 가는 동안에 다른 사람이 먼저 내려가나이다"하고 대답했다. 요 5:7 (우리가 예수의 물으시는 뜻을 언제나 이해하는 것은 아니다. 주님의 말씀의 의미를 언제나 다 파악하는 것은 아니다. 귀한 성경, 하나님의 말씀에 담긴 거룩하고 심오한 진리를 언제나 다 아는 것도 아니다. 그러나 우리가 얼마나 연약하든, 우리가 얼마나 이해를 못하든, 우리가 얼마나 지식이 부족하든 예수님께서는 언제나 우리를 돕기 원하신다는 것만은 안다.)

예수님께서 그에게 말씀하셨다. "일어나 네 자리를 들

치유을 위한 참 믿음

고 걸어가라."

예수님께서 오신 것은 모든 결박을 푸시고 모든 죄수를 놓아주시기 위함이라는 사실을 죄인이든 성자든 누구나 다 알았으면! 우리에게 예수를 믿는 믿음이 있다면 유다 지파의 사자이신 예수는 모든 쇠사슬을 끊으시고 우리로 하여금 승리하게 하실 것이다. 영광스럽고 놀랍고 영원한 승리를. 예수님께서 오신 것은 그늘진 곳에 빛을, 애통하는 곳에 기쁨의 기름을, 재 대신 화관을 주시기 위함이다. 장래에뿐 아니라 지금 여기에서.

:: **탕자** ::

옛날, 바다 건너 어떤 땅에서 한 목사가 부흥회를 열었고 하나님의 능력이 임하여 많은 사람들이 그리스도를 구세주로 영접했다. 어느 기억할만한 토요일 밤에 목사는 탕자의 이야기를 가지고 설교를 할 참이었다. 목사는 성가대의 한 소프라노 대원에게 "여러 해 동안 주 떠나"라는 옛 찬송을 불러달라고 했다.

그 대원은 목사의 눈을 들여다보고는 이렇게 말했다.

"목사님, 그 찬송은 부를 수 없어요. 다른 찬송은 몰라도 그 찬송만은 안 되요. 그 찬송을 좋아하지만 부를 수 없을 것같아요."

목사가 물었다. "왜 그 찬송을 부르지 못하겠다는 거지요?"

그 대원은 금방이라도 울음을 터뜨릴 것같더니 이렇게 말했다. "남편이 14년 전에 세상을 떠났을 때 당시 배달일을 하고 있던 열네살 짜리 외아들이 있었는데 그 애는 버는 돈을 다 저축하고 집에는 내놓지 않겠다고 생각했어요. 어느 날 그 문제로 아들과 이야길 하려는데 아들은 불같이 화를 내더니 집을 나가버리고 말았어요. 그 날 이후로 지금까지 그 앨 한번도 보지 못했어요."

그 성가대원의 눈에서는 연신 눈물이 흘러 뺨을 타고 흘러내렸다. "목사님, 그 찬송가 가락이 들려오기만 하면 가슴이 찢어질 것같은게 이상한 일 일까요? 목사님, 전 노래할 수 없어요. 노래를 다 끝내기도 전에 목이 메어버리고 말 거예요."

목사가 말했다. "하지만 자매님, 오늘 밤 주제가 바로 그것이라 그 찬송을 꼭 불러주시면 좋겠어요. 주님께서 그 찬송에 복을 주셔서 영혼을 구원할 수 있게 하실지 아무도 모르지 않을까요? 자매님은 감정과 사랑을 가득 실어서 그 노래를 부를 수 있을테니까요."

그날 밤 교회는 사람들이 꽉 들어차 있었다. 목사는 강단에 올라 성경 본문을 읽고 아버지가 돌아온 탕자를 영접한 이야기를 전했다. 설교를 마칠 무렵, 제단 초청을 하기 직전에 그 성가대원이 자리에서 일어나 또렷하고도 울림이 있는 목소리로 노래를 시작했다.

오늘 밤 내 방황하는 아이는 어디 있을까?
내 가장 사랑하는 아이,
내 기쁨이요 빛이었던 아이,
그 어머니의 기도의 아이는.

그 대원은 어떻게든 끝까지 불러보려고 힘을 다했지만 후렴구에서 그만 무너지고 말았다. 그는 마음을 가라앉힌 후에 후렴부터 다시 시작해서 끝까지 불렀다. 2절을 부를 때에는 흐느낌으로 몸이 떨렸으나 계속 참고 노래를 불러 나갔다.

아침 이슬같이 순결했던 아이
어머니 무릎 위에서 놀던.
누구 얼굴이 그렇게 밝을까, 누구 마음이 그렇게 착할까
누가 그 아이만큼 행복할까

다시 후렴 부분에 이르자 그 대원의 눈에서 눈물이 비 오듯 흘러내렸고 이윽고 그의 감정과 기도의 절정이 다음 가사로 표현되었다.

오늘 밤 내 방황하는 아들에게로 가라
어디든 가서 아들을 찾아라
방탕한 그 아들을 내게 데려오라
내가 지금도 그를 사랑하고 있다고 전하라

건물 뒤편에서 누더기같은 옷을 걸쳐입고 있던 한 젊은 이가 자리에서 일어섰다. 그는 천천히 건물 가운데 통로를 따라 앞쪽으로 나갔다. 교회 앞쪽에 이르러 그는 그 대원이 노래하고 있는 강단으로 이어지는 계단이 있는 제단 끝쪽으로 방향을 바꿔 걸었다. 그런 뒤 그 대원 앞에 무릎

치유을 위한 참 믿음

을 꿇더니 교회 전체가 들을 수 있는 소리로 울부짖었다. "엄마, 그 노래가 진심이에요? 그 노래가 진심이에요?"

그 대원은 오랫동안 잃어버렸던 아들의 얼굴을 내려다보다가 하나님께 감사의 외침을 올렸다. 그는 아들을 일으켜서 제단 난간으로 데려가더니 거기서 죄인의 친구되시는 예수께 통회하는 기도를 함께 드렸다. 그날 밤 그 어머니가 오랫동안 기도해왔던 구원이 아들의 영혼에 이르렀다.

그 대원의 노래는 진심이었을까? 찬송 가사를 진심으로 불렀던 것일까? 그렇다! 어머니의 사랑의 능력을 아는 사람이라면 자기를 버렸음에도 불구하고, 그리고 아들의 죄에도 불구하고 어머니는 여전히 아들을 사랑했다는 걸 알 것이다. 여기에서 덧붙이고 싶은 말은 만약 당신이 그리스도의 사랑을 안다면 당신의 고약한 죄에도 불구하고 그리스도는 여전히 당신을 사랑하신다는 것을 알 수 있을 것이다.

당신의 마음 속에 꼭 담아주고 싶은 정말 중요한 메시지, 당신의 마음 판에서 영원히 지워지지 않도록 새겨두고 싶은 이야기는 예수가 당신을 사랑하신다는 이야기이다. 우리의 흠이나 상처나 죄에도 불구하고 예수는 당신을 사랑하신다. 당신이 어떤 상태에 있든 예수 그리스도께서 당신의 사랑이시라는 것은 마음의 소망이 되며 영혼의 힘이 된다. 예수는 당신을 동정하시고 이해하시고 당신의 모든 것을 아시는 대제사장이시다. 그 사랑이 어찌나 깊고 어찌나 큰지 우리를 대신해 십자가를 지실만큼 당신을 사랑하신다.

:: 베데스다 연못 ::

당신이 지금 베데스다라 부르는 연못 가에 있다고 하자. 당신은 "자비의 물" 곁에 있어서 천사가 물을 만짐으로 연못 물이 움직이기를 기다리는 중이다. 그렇게 기다리고 있는데 예수님께서 당신을 응시하시며 서른여덟 해 된 병자나 맹인 바디매오에게 그러셨듯이 "내가 네게 무엇을 하여 주기를 원하느냐?"고 물으셨다 하자. 그러면 당신이 주님을 가만히 바라본다. 그러면 믿음이 당신의 마음을 사로잡고 의심이 동트기 전의 밤처럼 사라지면서 주님의 약속이 임한다. "내 은혜가 네게 족하다. 일어나

네 침상을 들고 걸어라. 내 능력 안에서 다니며 새 사람이 되어라."

바로 그처럼 베데스다 연못 가의 사람에게 치유가 임했다. 오늘날처럼 그 날에도 여차하면 비판할 태세가 되어 있는 사람들이 있었다. 그들은 즉각적으로 치유받은 사람의 믿음을 파괴하기 시작했고 그의 믿음의 기반을 허물어뜨리려 했다.

남의 허물을 찾아내기는 쉽고 누구든 비판을 하는 것은 자유지만 아주 자명한 사실 앞에서도 허물 찾기와 비판을 일삼는 것은 절대로 이해할 수 없다. 사람들이 치유를 받고 있고 눈 앞에서 그 장면과 치유받은 사람을 직접 볼 수 있는데도 하나님의 치유를 의심하는 말을 하는 사람이나 예수님께서는 육신으로 지상에 계셨을 때에만 치유를 행하셨다고 믿는 사람들이 있다는 사실은 정말로 믿기가 어렵다.

자명한 어떤 일이 있다면 그것은 사실임에 틀림 없다. 눈으로 볼 수 있는 것은 믿어야 한다. 구하고 찾고 두드리기만 한다면 예수님께서는 캐묻기 좋아하는 사람들에게 자신이 하신 말씀이 사실이며 진리라는 것을 입증할 수 있는 증거를 언제나 충분히 주신다.

예수 시대에 비판이 일어났던 까닭은 치유를 행한 날이 안식일이었기 때문이다. 오늘날에는 치유가 어느 요일에 일어나도 비판하는 사람이 있다. 베데스다 연못 가의 사람에게 일어났던 것과 같은 그런 명백한 치유가 일어나도 말이다.

치유자는 동일하시다. 그분의 사랑과 진리와 능력도 동일하다. 나사렛 예수님께서 유대의 산들과 예루살렘 거리를 다니셨듯이 그 마음 속에 동일한 사랑과 자비를 품으시고 당신이 살고 있는 도시의 거리를 다니시면 왜 안된다는 것인가? 이제 치유를 위해 예수께 나아가는 모든 사람의 영혼에 정신이 번쩍 들만한 사상을 담고 있는 한 구절에 당신의 주의를 환기시키고자 한다. 그것은 요한복음 5장 14절에 담긴 예수의 말씀인데 예수님께서는 성전에서 치유받은 사람을 만나셔서 이렇게 말씀하셨다. "보라 네가 나았으니 더 심한 것이 생기지 않게 다시는 죄를 범하지 말라."

우리는 이 구절에서 치유는 얻을 수도 있지만 또 잃을 수도 있다는 진리를 발견할 수 있다. 우리가 죄의 자리로 다시 돌아가고 의의 길로부터 벗어나면 우리는 치유를 상실할 수 있으며 우리 몸의 나중 상태가 처음 상태보다 더 악화될 수도 있다.

"그가 빛 가운데 계신 것 같이 우리도 빛 가운데 행하면 우리가 서로 사귐이 있고 그 아들 예수의 피가 우리를 모든 죄에서 깨끗하게 하실 것"이다.요1 1:7 우리가 진리의 빛 가운데 행하고 우리의 모든 소망을 예수에게만 두며, 저 거친 십자가를 가장 사랑하고 하나님의 약속과 말씀에 대해 능동적인 믿음을 유지하는 한 우리는 치유를 계속 지킬 수 있다.

치유를 유지할 수 있었는데도 그만 상실해버린 많은 사람들의 이야기를 쓸 수도 있다. 물론 치유를 계속 유지한 사람에 비해 그런 사람의 수가 매우 적은 것은 사실이다. 그러나 나는 우리의 눈앞에 약속의 언덕과 골짜기, 산과 늪, 그리고 젖과 꿀이 흐르는 강들이 펼쳐져 있는데도 애굽의 고기 가마로, 옛적 죄의 삶으로 다시 돌아가려는 것에 대해 경고하고자 한다.

베데스다 연못의 사람은 만나는 모든 사람에게 예수님께서 자기를 고쳐주셨다는 말을 했고 그의 간증으로 말미암아 갈릴리 사람 예수를 찬양하는 소리는 넓게, 그리고 멀리 퍼졌다. 성경은 우리에게 어린 양의 피와 우리의 간증으로 우리는 승리할 수 있다고 말한다. 치유를 체험했으면서도 위대한 의사이신 예수의 이야기를 전하지 않거나 구원함을 받는 것이 어떤 것인지 알면서도 구세주의 영광에 대해 전하지 않는 것은 은혜를 모르는 행동이라고 생각된다.

우리 마음이 닫혀 있거나 우리 입술이 침묵을 지킨다면, 그리고 하나님의 은혜와 복을 당연한 것으로 여긴다면 아마도 돌들이 일어나 주님의 영광을 외칠 것이다. 마음 속에 하늘의 기쁨의 광채가 충만하여 다음과 같이 외쳤던 시편기자의 영이 우리에게도 필요하다. "그들이 그들의 고통 때문에 여호와께 부르짖으매 그가 그들의 고통에서 그들을 구원하시되 그가 그의 말씀을 보내어 그들을 고치시고 위험한 지경에서 건지시는도다. 여호와의 인자하심과 인생에게 행하신 기적으로 말미암아 그를 찬송할지로다."

간증은 한때는 우리의 마음과 같았던 그런 마음들에 대한 하나님의 메신저이다. 간증은 아파하고 지친 발을 위해 문을 열어 더 나은 날로 이끌어줄 길을 볼 수 있게 해주는 열쇠이다. 간증은 무거운 짐을 지고 지쳐버린 세상에게 십자가의 이야기를 선포해 줄 왕의 사자이다. 간증은 지치고 상한 몸과, 고통과 질병의 어둠으로 가득한 생명을 치유로 이끄는 길이 될 수 있다.

형제여, 오직 한 명만이 주님께 감사드리러 돌아온 나병환자의 이야기를 기억하는가? "열 사람이 다 깨끗함을 받지 아니하였느냐? 그 아홉은 어디 있느냐?" 교회 제단으로 나아갈 때나 집에서 무릎을 꿇고 주님께서 만져주시기를 원하는 기도를 할 때는 주님을 바라보고 믿는 믿음으로 받으라. 그런 다음에는 구원의 기쁨으로, 치유의 행복으로 나아가서 사람들 앞에서 당신의 빛을 비추고 당신을 구원하기 위해 죽으신 그리스도의 이야기를 전하라.

당신이 받는 고통이 십자가라고 느껴지는가? 그렇다면 그것을 견디라. 그러면 주님의 인도하심 가운데 나무 십자가가 변하여 금 면류관이 될 것이며 무거운 짐은 변하여 기쁨의 사역이 될 것이다.

갈보리산 위에 십자가 섰으니 주가 고난을 당한 표라
험한 십자가를 내가 사랑함은 주가 보혈을 흘림일세
최후 승리를 얻기까지 주의 십자가 사랑하리
빛난 면류관 받기까지 험한 십자가 붙들겠네